Ken Davis / Dave Lambert

Neuer Saft für müde Birnen

Starkstromandachten

Ken Davis / Dave Lambert

Neuer Saft für müde Birnen

Starkstromandachten

Schulte & Gerth

Die amerikanische Originalausgabe erschien im Verlag
Zondervan Publishing House, Grand Rapids, Michigan 49530
unter dem Titel „Jumper Fables: strange-but-true devotions
to jump-start your faith“.

Aus dem Amerikanischen übersetzt von Roland Renz

Best.-Nr. 815 380
ISBN 3-89437-380-6
1. Auflage Juli 1995
2. Auflage Oktober 1995
3. Auflage Januar 1996
4. Auflage April 1996
5. Auflage Oktober 1996
6. Auflage 1997
Umschlaggestaltung: Paz Design / Olaf Johannson
Satz: Die Feder GmbH, Wetzlar
Druck und Verarbeitung: Ebner Ulm
Printed in Germany

Einleitung

Willkommen! Wir hoffen, daß du an diesem Buch wirklich Spaß hast. Aber nicht vergessen: Diese „Starkstrom-Andachten“ sind nicht als Ersatz für das Bibellesen geeignet. Genaugenommen wäre dieses Buch als einzige Quelle geistlicher Ernährung so wenig ausreichend wie der klebrige Rest am Kuchenpapier – schmeckt gut, reicht aber einfach nicht als Grundstock für den Tag.

Die Andachten in diesem Buch sollen Spaß machen, dich in Gedanken auf die alltäglichen Themen einstimmen und dein Interesse wecken, Gott besser kennenzulernen. Du kannst das Buch so verwenden, wie es dir am besten hilft, aber wir haben uns beim Schreiben vorgestellt, daß man jeden Tag einen Abschnitt liest. Wenn du das machst, wirst du merken (hoffen wir jedenfalls!), daß es hilft, den Tag mit einem guten, positiven Start zu beginnen – besonders dann, wenn du außer dem Text noch die Bibelstellen liest, die wir vorschlagen.

Ach – noch was. Dieses Buch ist von Anfang bis Ende von uns beiden geschrieben worden; wir haben beide an jedem einzelnen Abschnitt gearbeitet. Aber die meisten Geschichten darin sind von Ken. Meistens also ist dann, wenn ein „ich“ vorkommt, Ken der Erzähler. Wenn du nach einer Überschrift „Dave“ liest, kommt eine Geschichte von Dave, entsprechend ist das „ich“ zu verstehen. Geschnallt?

Dann mal los – viel Spaß dabei!

Eine Ratte ist eine Ratte ist eine Ratte ...

Vor ein paar Jahren hatte ich meine Familie in ein Restaurant eingeladen. Sobald wir Platz genommen hatten, knallte eine mürrische Kellnerin uns die Speisekarte auf den Tisch. Sie sah aus wie eine Catcherin, der man gerade auf dem Kopf herumgetrampelt hatte. Sofort drängelte sie: „Was soll's denn sein?" Die Bestellung nahm sie mit eisiger Miene entgegen.

Wir hatten das Gefühl, für unser Erscheinen in diesem Lokal bestraft zu werden! Meine Aufgabe war eindeutig klar: Ich mußte aus dieser Kellnerin ein Grinsen – oder wenigstens ein winziges Lächeln – hervorkitzeln, bevor wir das Restaurant verließen. Schließlich war ich doch ein Komiker, oder?

In meiner Tasche steckte auch schon das Mittel dazu: eine kleine Handpuppe aus Kaninchenfell. Wenn man sie richtig bewegte und die passenden Quieklaute machte, sah sie einer Ratte so ähnlich, daß es mich selbst überzeugt hätte. Als die bestellten Sachen gekommen waren und die Kellnerin wieder abmarschierte, versteckte ich den kleinen Schurken unter meinem Salat und drapierte den Lederschwanz über den Tellerrand. Dann rief ich die Bedienung wieder zurück. „Hallo, Fräulein!"

Finsteren Blickes stürmte sie heran. Ich wartete, bis sie sich mit einem barschen „Was ist?" vor mir aufgebaut hatte. Dann griff ich nach dem Schwanz des Kuscheltiers und ließ das pelzige kleine Scheusal meinen Arm entlang und dann in meinen Hemdkragen huschen.

Ich hatte nur bescheidene Erwartungen gehabt. Zumindest ein anerkennendes Brummen hätte wohl drin sein sollen. Ihre Reaktion aber überstieg meine kühnsten Träume. Sie kreischte und trat mit wedelnden Armen den Rückzug an, kippte dabei mehrere Stühle um und fegte Ketchupflaschen, gefüllte Teller und Serviettenspender in alle Himmelsrichtungen. Dann drehte sie sich um und floh in Windeseile aus dem Raum. Alle Tische, die auf ihrem Weg lagen, zog sie in Mitleidenschaft.

Im Grunde hatte ich sie nicht erschrecken, sondern nur ein

bißchen aufmuntern wollen. Entsprechend hatte die Geschäftsführung bei unserem Erscheinen bestimmt nicht daran gedacht, uns rauszuwerfen, bevor wir aufgegessen hatten. Genau das passierte aber: Wenn wir nicht sofort verschwänden, würden sie die Polizei rufen, hieß es. Seit damals durchsuchen meine Frau und die Kinder meine Taschen, bevor wir in ein Restaurant gehen.

Nun könnten wir uns allzuleicht über die Überreaktion der Kellnerin aufregen: „Es war doch gar keine echte Ratte!" Stimmt. Aber sie *dachte*, daß es eine sei. Sie rannte nun mal nicht mit dem Schrei „Falsche Ratte! Falsche Ratte!" durchs Restaurant, Kalbsschnitzel und alte Damen mitreißend. Für sie war es eine *echte*. Und das ist der Punkt: Es ist nicht unbedingt die Wirklichkeit, die Einfluß auf unser Verhalten und unsere Einstellung nimmt, sondern das, was wir für die Wirklichkeit *halten*.

Die Botschaft vieler Werbespots heute lautet: „Image ist alles, was zählt.“

Stimmt nicht. Es geht nicht um den Eindruck, den wir auf unsere Umwelt machen. Vielmehr geht es um nichts anderes, als *wie wir die Welt wahrnehmen.* Wir können uns auf einen sehr irdischen Standpunkt stellen: Sünde ist unvermeidlich, also kann ich gleich der Versuchung nachgeben; Gott gibt es in Wirklichkeit nicht; ich bin schwach und dumm; Geld, Ansehen und Schönheit sind alles. Was zählt, ist die Gegenwart, also nutze ich meine Chancen.

Oder wir sehen es aus Gottes Sicht: Dieses irdische Leben ist nur die Vorbereitung auf das ewige Leben; was wir für Gott tun, zählt; die Sünde ist verlockend, aber mit Gottes Hilfe können wir widerstehen. Was wir für andere tun – nicht für uns selbst –, das hat wirklich Gewicht. Wir werden von Gott geliebt und haben eine wichtige Aufgabe im Leben zu erfüllen. Wir sind Gott nicht gleichgültig.

Wie lernen wir, die Welt in diesem Licht zu sehen? Wenn wir Gottes Wort lesen, die Bibel. Lesen wir sie täglich – und lernen wir, die Welt mit Gottes Augen zu sehen. Das verändert unser Leben. Und was das Beste ist: wir brauchen nicht vor falschen Ratten wegzulaufen.

Vers des Tages:

Du tust Gutes deinem Knecht, Herr, nach deinem Wort. Lehre mich heilsame Einsicht und Erkenntnis.
Psalm 119, 65.66

Vorschlag:

Hast du die Bibel schon mal ganz durchgelesen? Ich weiß, das hört sich ungeheuerlich an. Ist es auch! Aber wenn du dir vornimmst, das in einem Jahr zu schaffen, brauchst du nur ein paar Kapitel

Hey!

Wer möchte gern wissen, warum das Wort Gottes für David, den Psalmendichter, so wichtig war? Lest Psalm 119, 89–93.

täglich zu lesen. Es gibt dafür eine ganze Reihe von Bibellese-Plänen, manche davon mit übersichtlichen Listen, damit man die gelesenen Kapitel abhaken kann. Im Verlag Schulte & Gerth ist die „Minutenbibel“ erschienen, mit deren Hilfe du innerhalb eines Jahres mit nur wenigen Minuten Zeitaufwand täglich die Kernaussagen der Bibel kennenlernen kannst. Außerdem gibt es die *Jahresbibel* (Deutsche Bibelgesellschaft, Stuttgart), in der die Kapitel der Bibel auf die einzelnen Tage des Jahres aufgeteilt sind. Bitte ansonsten einfach deinen Jugendpastor oder Pastor um eine Empfehlung. Halte dich dann aber auch täglich daran! Das hilft dir, die „Ratten“ als unecht zu entlarven und dich auf die Realität einzustimmen.

Diamanten und Briketts

Vor nicht allzu langer Zeit sprach ich bei einer christlichen Jugendveranstaltung, wo zwei wohlbekannte Bands am gleichen Abend auftraten. Diese Musiker wurden von ihren hingebungsvollen Fans gefeiert. Viele hatten die CDs zu Hause und Eintritt dafür bezahlt, die Bands zu hören. Als das Konzert vorbei war, stürmten die Fans wegen der Autogramme die Bühne, und die Bandmitglieder kamen nach vorn und unterschrieben. Am einen Ende der Bühne machte einer der Musiker mit Taten, Worten und Mimik deutlich, daß er die Bewunderung seiner Fans angemessen fand. *Ich bin etwas Besonderes – im Gegensatz zu euch*, schien er damit zu sagen. Er teilte ihnen mit, er sei von seinem „Gig" so erschöpft, daß er nur ganz kurz zum Signieren zur Verfügung stehe. Sein Ego war deutlich so groß, daß es ihm gelang, viele seiner Fans abzuschrecken, die es ja immerhin Mühe und Geld gekostet hatte, ihn auftreten zu sehen. Einen enttäuschten Bewunderer hörte ich schulterzuckend beim Weggehen sagen: „Scheint so, als wäre der Typ selbst sein größter Fan."

Die Mitglieder der anderen Band am anderen Ende der Bühne gaben auch Autogramme. Aber ganz anders! Statt an ihrem Ego zu basteln, gebrauchten sie ihren Einfluß als Showgrößen, um sich um die Probleme der jungen Leute zu kümmern, die sich an sie wandten. Ich konnte beobachten, wie einer von der Gruppe eine Viertelstunde lang mit einem querschnittsgelähmten Jugendlichen redete, der im Rollstuhl nach vorn geschoben worden war. Ein anderer Musiker saß im Schneidersitz auf dem Boden und lieh sein Ohr den bohrenden Fragen eines jungen Mannes auf der Suche.

Diese hingebungsvollen christlichen Künstler ließen mich an Diamanten denken. Warum gehören Diamanten zu den schönsten und wertvollsten Edelsteinen der Welt? Wegen ihres strahlenden Feuers. Man kann im Funkeln eines Diamanten alle Regenbogenfarben sehen! Warum ist der Diamant so strahlend? Weil er alles Licht reflektiert und weitergibt, das auf ihn fällt.

Stell dir andererseits ein schwarzes Kohlebrikett vor. Chemisch gesehen besteht es aus fast dem gleichen Stoff wie der Diamant, aber hast du etwa schon öfter einen Haufen Leute mit Ah's und Oh's ein Kohlebrikett bewundern sehen? Oder vielleicht eine junge Frau, die stolz ihren Verlobungsring mit dem darin eingefaßten Brikett hochhält? Der Unterschied: Schwarz absorbiert das Licht. Es verschluckt Licht. Schwarz behält das Licht für sich, statt es mit anderen zu teilen.

Es ist einfach, Aufmerksamkeit und Lob zu schlucken und dabei irrtümlich anzunehmen, daß sein eigener Glanz dabei zunimmt. Der egoistische junge Musiker hat genau diesen Fehler gemacht – aber auf seine enttäuschten jungen Fans wirkte er alles andere als strahlend. Die Mitglieder der anderen Band kannten die Wahrheit – daß wir aus der Erbärmlichkeit des Egoismus hervorgehoben werden, wenn wir die Bewunderung und den Ruhm an Jesus reflektieren, zurückstrahlen, gleichzeitig aber seine Liebe auf unsere Mitmenschen scheinen lassen. Dann strahlen wir wie Diamanten!

Die meisten von uns sind keine berühmten MTV-Stars. Trotzdem kommt für uns alle die Gelegenheit, entweder das eigene Ego auf Kosten anderer aufzubauen – oder aber die Menschen um uns herum aufzubauen und damit im Sinne Gottes zu handeln.

Das Licht schlucken oder reflektieren: Das entscheiden wir selbst, und nur wir allein!

Wer will schon ein Brikett sein? Sei wie ein Diamant!

Vers des Tages:

Niemand halte mehr von sich, als sich's gebührt zu halten, sondern daß er maßvoll von sich halte, ein jeder, wie Gott das Maß des Glaubens ausgeteilt hat.
Römer 12, 3

Vorschlag:

Unser Ego reagiert auf manchen Gebieten sensibler als auf anderen. Zum Beispiel ist es dem einen vielleicht egal, ob die Menschen ihn für einen klasse Schüler oder tollen Sportler halten, er ist aber sehr besorgt um sein Aussehen. Oder vielleicht wird ein Mädchen, das auf ihr Aussehen nicht besonders viel Wert legt, ganz schön wütend, wenn man sie nicht als beste Sängerin im Schulchor einstuft. Was sind *deine* „Ego-Alarm-Bereiche"? Wo reagierst du besonders sensibel und eitel? Mach dir eine Liste von diesen Bereichen. Wenn du weißt, wofür du empfindlich bist, kannst du auf Situationen achtgeben, in denen du versuchst, dir auf Kosten anderer Ruhm zu verschaffen und dich selbst herauszustellen.

Wenn du die Chancen wahrnimmst, dich um die Probleme anderer zu kümmern und die Liebe Christi auszustrahlen, dann leuchtest du wie ein Diamant. Halte doch heute mal bewußt Ausschau nach so einer Gelegenheit!

Hey!

Lies mal in Lukas 14, 7–11, was Jesus über Stolz denkt. Und in Sprüche 26,12 und 27,2 findest Du was über aufgeblähte Egos.

Programmabsturz

Wir haben zu Hause ein Computerprogramm, das die Namen von allen erdenklichen Tieren erraten kann. Es stellt eine Reihe von Fragen, mit denen die Möglichkeiten von Größe, Lebensraum und anderen Merkmalen so weit eingeengt werden, bis es schließlich den Namen des Tieres verkündet – auch wenn der Spieler ihn gar nicht ausgesprochen hatte.

Wie ist das Computerprogramm so schlau geworden? Es hat aus seinen Fehlern gelernt. Als wir es neu hatten, konnte es nur ein paar Tiere raten. Aber nach jedem Fehler stellte der Computer dem Benutzer eine Frage. Einmal hatte er zum Beispiel „Frosch" geraten, als ich einen „Alligator" im Sinn hatte.

„Worin habe ich mich geirrt?" fragte der Computer. „In welcher Hinsicht unterscheidet sich ein Frosch von einem Alligator?"

Ich tippte die Antwort ein, und das Programm verarbeitete die Information so, daß es nie wieder den gleichen Fehler machen konnte.

Es gibt einen Film mit dem Titel *„Nr. 5 lebt"*, in dem ein Roboter vorkommt, der sich seinen Input selbst beschafft. Er fragt so oft wie möglich nach, um in Zukunft so genau wie möglich arbeiten zu können.

Ob dieser Roboter wohl mitgehört hat, was einmal von T.J. Watson formuliert wurde, dem Gründer von IBM?

Erfolg ist am anderen Ende vom Mißerfolg zu finden.

Das ist gut, denn alle – Kinder, Teenager und Erwachsene – machen Fehler. (Sogar *ich* habe einmal einen Fehler gemacht – man glaubt es kaum.) Und manche Fehler sind ganz dicke Hunde. Es geht voll daneben.

Aber nicht aufgeben! Aus diesen Niederlagen und Fehlschlägen können Stufen zum Erfolg werden.

Naja, ich gebe zu, daß es schwerfällt, so etwas zu glauben, wenn man gerade den Mathe-Test versiebt hat und es den Eltern sagen muß. Es ist fraglich, ob die Eltern diese tolle Gelegenheit zum inneren Wachstum richtig erkennen. Wahrscheinlicher ist, daß sie darin einen guten Vorwand sehen, dir eine Million Jahre Hausarrest zu verpassen. Aber wenn die Million Jahre vergangen ist, stellt sich vielleicht sogar heraus, daß du etwas gelernt hast – vielleicht eine neue Einstellung zur Schule oder bessere Lernmethoden. Und weil du daraus gelernt hast, klappt es beim nächsten Mal besser. – Genau wie beim Computer.

Der Computer hat dir natürlich in einem wichtigen Punkt etwas voraus. Noch nie habe ich ihm Hausarrest verpaßt, wenn er das von mir gedachte Tier nicht richtig erraten hatte. (Nebenbei, Computer gehen sowieso nicht besonders oft weg!)

Vers des Tages:

Gib dem Weisen, so wird er noch weiser werden;
lehre den Gerechten, so wird er in der Lehre zunehmen.
Sprüche 9, 9

Vorschlag:

In dieser Stelle in Johannes 8 wollte Jesus, daß die Frau aus ihrer Sünde lernte, so daß sie diese Sünde nicht mehr begehen würde. Mach dir irgendwann heute eine Liste von ungefähr fünf Fehlern, die du in der letzten Woche gemacht hast. Das können entweder richtig dicke Hunde sein, zum Beispiel die Eltern anlügen – oder kleine Fehler, zum Beispiel mit zwei verschiedenen Socken zur Schule zu gehen, wofür du ausgelacht wurdest. Wenn die Liste fertig ist, bekenne die absichtlichen Sünden und bitte um Weisheit, aus deinen Fehlern zu lernen. Dann schreibe neben jeden Punkt auf der Liste auf, was du aus dieser Erfahrung gelernt hast und beim nächsten Mal anders machen wirst. Sieh es doch einmal so: Wenn das Erlebnis anfangs eine Qual war, dann könnte es doch für irgend etwas gut sein. Warum den ganzen Schmerz verschwenden?

Hey!

Jesus traf einmal eine Frau, die wirklich so richtig schlimm gesündigt hatte. Willst du wissen, was er zu ihr gesagt hat? Lies Joh. 8, 1–11.

Die Welt ist klein!

Die Welt ist viel kleiner geworden als früher. Ich rede nicht davon, daß man in ganz kurzer Zeit überall hinjetten oder in Nullkommanichts telefonieren kann. Ich meine damit, daß vor zweitausend Jahren, als Jesus auf der Erde war, nur dreihundert Millionen Menschen auf der Erde lebten – jetzt sind es fünf Milliarden.

Das ist eine ganze Menge. Und das bedeutet, daß jeder einzelne von uns sich mit einem viel kleineren Stückchen Planet zufriedengeben muß als jemand vor zweitausend Jahren.

Aber: Moment mal. Die Welt ist noch kleiner geworden. Jedenfalls kam sie den Apollo-Astronauten viel kleiner vor, als sie dreihundertachtzigtausend Kilometer weit zum Mond gereist waren (das ist etwa der dreißigfache Erddurchmesser). Als sie auf die Erde zurückschauten, sah sie aus wie eine kleine Murmel.

Natürlich waren sie der Erde in Wirklichkeit sehr nahe. Viel näher als die Sonne, die 150 Millionen Kilometer entfernt ist. Da sollte man den Picknickkorb nicht vergessen.

Kein Wunder, daß die Erde nicht besonders groß aussah: Jupiter, der größte Planet der Sonne, hat einen elfmal so großen Durchmesser wie die Erde. Der Sonnendurchmesser ist 109mal so groß wie die Erde. Und manche Sterne sind noch tausendmal größer als die Sonne.

Der nächste Stern ist gerade mal vier Lichtjahre entfernt – etwa achtunddreißig Billionen Kilometer. Die Galaxie, zu der wir gehören – die Milchstraße –, ist wie eine abgeflachte Scheibe geformt. Ihr Durchmesser beträgt etwa einhunderttausend Lichtjahre. Die Sonne ist unbedingt wichtig für uns, aber sie ist nur einer der Millionen und Abermillionen Sterne der Milchstraße.

Dann gibt es ja noch die anderen Galaxien im Universum. Etwa zehn Milliarden beim letzten Stand der Zählung; auf eine Milliarde mehr oder weniger kommt es auch nicht mehr an. (Ich könnte die Entfernungen in Kilometern angeben, aber die Zeilen sind nicht lang genug, denn das Weltall ist ja bekanntlich unendlich...)

Die Welt ist klein.

Da wünscht man sich, Protagoras wäre heute noch am Leben, nicht? Was die Frage aufwirft: „Wer ist Protagoras?“

Protagoras war der griechische Philosoph, der vor ein paar Tausend Jahren sagte: „Der Mensch ist das Maß aller Dinge.“

Wäre es nicht interessant, ihm zu zeigen, daß er nur einer von 5 Milliarden Menschen auf diesem Planeten ist, 150 Millionen Kilometer vom nächsten Stern entfernt, der wiederum nur einer von mehr als einer Milliarde Sterne dieser Milchstraße ist? Und das bei zehn Milliarden Galaxien! (Man sollte ihm am besten schonend beibringen, daß diese Schätzungen nur so lange gültig sind, bis die Wissenschaftler bessere Teleskope entwickelt haben.)

Plötzlich scheint uns der ganze Planet voller Menschen etwa so wichtig zu sein wie die Staubflecken, die ich heute morgen von meiner Brille gewischt habe.

Abgesehen von einer Tatsache:

Man muß nämlich wissen, daß Gott nach der Schöpfung all dieser Sterne, Galaxien, Planeten und Kometen den Entschluß faßte, ein ganz besonderes Wesen zu erschaffen – ein Wesen nach seinem eigenen Bild. Also nahm er etwas Staub von diesem klitzekleinen Planeten Erde und formte das besondere Wesen, das er Mensch nannte.

Und er sagte: „Das ist gut.“ Und er liebte den Menschen. Er liebte ihn so sehr, daß er hingab, was ihm am wertvollsten im ganzen Universum war – seinen eigenen Sohn –, um die Gemeinschaft zu erneuern, die der Mensch selbstsüchtig zerstört hatte.

Und er liebt uns immer noch. Er sieht in uns nicht nur einen Haufen Leute, sondern liebt uns als einzelne – dich und mich. Er kennt deinen Namen. Plötzlich ist das Universum eine ganz freundliche Umgebung. Und ein bißchen kleiner ist es auch geworden, finde ich.

Vers des Tages:

Wenn ich sehe die Himmel, deiner Finger Werk,
den Mond und die Sterne, die du bereitet hast:
Was ist der Mensch, daß du seiner gedenkst,
und des Menschen Kind, daß du dich seiner annimmst?
Du hast ihn wenig niedriger gemacht als Gott,
mit Ehre und Herrlichkeit hast du ihn gekrönt.
Psalm 4, 4–6

Hey!

Vielleicht bist du nur ein winziger Fleck im Universum, aber du hast keinen Grund, Angst zu haben. Lies dazu Matth. 10, 29–31.

Zum Nachdenken:

Nimm dir doch einmal etwas Zeit, dir die ungeheure Größe und Macht Gottes annäherungsweise vorzustellen. Er hat uns als einzelne Wesen geschaffen, mit all unseren Eigenarten und Begabungen, und gleichzeitig hat er mit der anderen Hand das Universum in Gang gehalten! Ein ehrfurchtgebietender Gott!
Und jetzt kommt das Allerbeste nach:
Wir sind mehr als nur der Lieblingsabschnitt seiner Schöpfung. Wir sind seine Söhne und Töchter, die er angenommen hat. Er liebt uns als seine eigenen Kinder.

Das Gesetz des Pendels

Im College hatte ich das Fach Rhetorik, und einmal mußte ich eine Unterrichtsstunde vor meiner Klasse vorbereiten. Ich durfte jedes Thema wählen, das ich wollte, nur mußte es kreativ vorgetragen werden. Ich entschied mich für das Gesetz des Pendels.

Und so lautet das Gesetz: Ein Pendel kann niemals höher zurückschwingen als bis zu dem Punkt, an dem es losgelassen wurde. Wegen der Reibungs- und Schwerkraft beschreibt es bei jeder Schwingung einen kleineren Bogen als zuvor, bis es schließlich ganz stehenbleibt. Das gilt natürlich nur dann, wenn es keinen neuen Schwung bekommt.

Die ersten zwanzig Minuten der Vorführung verwendete ich darauf, dieses Prinzip der Klasse zu erklären. Ich demonstrierte das Gesetz sogar mit einer Kugel, die ich mit einer Schnur an der Tafel befestigt hatte. Ich machte dort einen Strich an die Tafel, wo ich die Kugel losließ, und dann markierte ich die Stellen, die sie bei jeder folgenden kürzeren Schwingung erreichte. Es dauerte knapp eine Minute, bis die Kugel ausgependelt war und stillstand. Als die Vorführung beendet war, bewiesen die Striche an der Tafel meine Erläuterungen.

„Wie viele von euch glauben, daß das Gesetz des Pendels stimmt?" fragte ich die Klasse. Alle Hände gingen hoch, auch der Lehrer meldete sich. Nach dem Applaus für meinen Vortrag kam er nach vorn, weil er glaubte, ich sei fertig. Aber ich hatte ja erst angefangen.

Von den Stahlstreben an der Klassendecke hing mitten im Raum ein großes Pendel herab, das ich aus 130 Kilo schweren Hantelscheiben und einer Fallschirmleine gebaut hatte. Es sah ziemlich *bedrohlich* aus. Ich schlug dem Lehrer vor, seinen Stuhl auf einen Tisch zu stellen und sich mit dem Hinterkopf an der Betonwand darauf zu setzen. Dann nahm ich das 130 Kilo schwere Metallgewicht und hielt es an seine Nase. „Wenn das Gesetz des Pendels stimmt", sagte ich, „dann schwingt dieses Ding quer durch den Raum, wenn ich es loslasse, und kehrt kurz vor dem Ausgangspunkt wieder zurück. Ihre Nase ist also nicht in Gefahr. Wie steht's – glauben Sie immer noch an das Gesetz des Pendels?" fragte ich und schaute ihm in die Augen.

Langes Schweigen. Auf seine Oberlippe traten Schweißtropfen, und ein Tropfen hing sogar vorwitzig an der Nasenspitze. Dann nickte er kaum merklich und flüsterte: „Ja." Ich ließ das Pendel los.

Beim Schwung durch die Klasse gab es ein sausendes Geräusch. Am einen Ende angelangt, verhielt das Pendel kurz und kehrte wieder zurück. In meinem ganzen Leben hatte ich noch nie gesehen, daß ein so alter Mann sich so schnell bewegen konnte! Er machte praktisch einen Kopfsprung vom Tisch.

Vorsichtig ging ich um das immer noch schwingende Pendel herum nach vorn und fragte die Klasse: „Glaubte er wirklich an das Gesetz des Pendels?"

Die Antwort kam einstimmig: „Nein!“

Mein Lehrer hatte das Gesetz *verstanden*, war aber nicht bereit, ihm seine Nase anzuvertrauen. Nach kurzer Diskussion stieg ein Student freiwillig auf den Stuhl. Obwohl sein Gesicht sich ängstlich verzog, als das Pendel zurückkam, blieb er still sitzen. Es verhielt ein paar Zentimeter vor seiner Nase und schwang wieder zurück. Jetzt war sein Glaube an das Gesetz bestärkt worden. Beim nächsten Schwung des Pendels zwinkerte er nicht mal mehr.

Wenn du einen Schritt weiter gehst, als nur Wissen über Gott zu sammeln, wenn du ihm dein Leben anvertraust, dann erst weißt du wirklich, an wen du glaubst. Beim Bibellesen entdeckst du die Prinzipien, die Gott darin für dich aufbewahrt. Dann wende sie auf dein Leben an. Eine riskante Sache! Es ist nicht immer einfach, Gott zu gehorchen, aber wenn du deine Nase für das einsetzt, was du glaubst – und dabei entdeckst, daß Gott treu ist –, dann wird dein Glaube stärker.

Und wann willst du damit anfangen, wenn nicht jetzt?

Vers des Tages:

Seid aber Täter des Wortes und nicht Hörer allein, sonst betrügt ihr euch selbst. Denn wenn jemand ein Hörer des Wortes ist und nicht ein Täter, der gleicht einem Mann, der sein leibliches Angesicht im Spiegel beschaut; denn nachdem er sich beschaut hat, geht er davon und vergißt von Stund an, wie er aussah. Wer aber durchschaut in das vollkommene Gesetz der Freiheit und dabei beharrt und ist nicht ein vergeßlicher Hörer, sondern ein Täter, der wird selig sein in seiner Tat.

Jakobus 1, 22–26

Vorschlag:

Hast du schon einmal etwas in der Bibel gelesen, was deiner Meinung nach eigentlich in deinem eigenen Leben verwirklicht werden müßte, und hast du es dann doch bleiben lassen? Dumme Frage – jeder hat das schon gemacht. Richtig war es trotzdem nicht. Vielleicht ist gerade jetzt die beste Gelegenheit aufzuschreiben, was du eigentlich tun müßtest oder worin dein Leben sich verändern müßte. Dann handle danach. Es ist nie zu spät dazu.
Auf Gottes Gesetz kann man sich genauso verlassen wie auf das Gesetz des Pendels.
Du kannst ihm ruhig deine Nase anvertrauen.

Hey!

Jakobus hat noch viel mehr darüber zu sagen, wie man der Bibel gehorcht. Lies weiter in Jakobus 2, 14–24.

Bloß eine Null

Selten habe ich einen Film gesehen, der mich mehr beeindruckt hat als *Cipher in the Snow* (wörtl.: Eine Zahl im Schnee). Er wurde nach einer wahren Begebenheit gedreht: Ein Junge stieg eines Tages aus dem Schulbus und brach im Schnee tot zusammen. Bei den Untersuchungen dieses Falles entdeckte man, daß niemand ihn kannte. Er war nur eine Zahl, eine Null. Manche von seinen Lehrern wußten nicht einmal, daß er in ihren Unterricht gehörte; zu Hause wurde er ignoriert und behandelt, als sei er wertlos.

Warum also war er gestorben? Die Ärzte konnten keine erkennbare Todesursache feststellen. Die wahrscheinlichste Erklärung, schlossen Beobachter des Falles, war, daß er schließlich selbst geglaubt hatte, er sei nur eine Null. Eine Null hat keine Daseinsberechtigung. Also starb der Junge einfach in einer Schneewehe. Er wurde zur wahren Null.

„Was für eine makabre Geschichte!“ sagst du vielleicht. „Warum soll ich mich durch so ein Gerede deprimieren lassen? Wir können sowieso nichts mehr daran ändern, beim besten Willen nicht. Ich habe den Typ nicht gekannt, außerdem ist es zu spät – er ist tot.“

Nicht so ganz. Er geht immer noch um. Er wandelt durch die Gänge deiner Schule.

Er sitzt im Matheunterricht neben dir.

Er besucht deine Kirche, geht aber immer gleich nach dem Gottesdienst, damit er nicht ganz ohne Gesprächspartner herumstehen muß.

Sie ist das Mädchen, das sich ein Herz gefaßt und eines Tages im Sportunterricht „Hallo“ zu dir gesagt hat. Aber dann haben deine Freundinnen dich gerufen. Und du hast sie stehenlassen, ohne zu merken, wie sie das verletzt hat.

Vielleicht sagst du: „Ich doch nicht! Ich hab’ immer versucht, zu allen nett zu sein. Ich will niemanden verletzen. Ist doch nicht mein Problem, wenn in meiner Schule so viele sind, die ich nicht kenne. Man kann mich nicht für *jeden* verantwortlich machen!“

Stimmt. Aber für manche Leute kannst du dich schon verantwortlich fühlen.

Es spielt keine Rolle, wie viele Entschuldigungen mir einfallen und wie wenig Zeit ich habe. Trotzdem bekomme ich diese leise Stimme in mir nicht zum Schweigen, wenn sie sagt: „Ich war hungrig, und du hast mir nichts zu essen gegeben, ich war durstig, und du hast mir nichts zu trinken gegeben. Ich war ein Fremder, und du hast mich nicht eingeladen; ich war nackt, und du hast mir keine Kleidung gegeben" (Matthäus 25, 42.43).

Diese Zahlen, diese Nullen um uns herum stellen Jesus dar. Und jeder Mensch muß seine eigene Entscheidung treffen, wie er Jesus behandelt, der vielleicht im Matheunterricht neben ihm sitzt – ängstlich, allein und traurig.

Vers des Tages:

Was ihr getan habt einem von diesen meinen geringsten Brüdern, das habt ihr mir getan.
Matthäus 25, 40

Vorschlag:

Hey!

Lies die ganze Geschichte in Matthäus 25, 31–46.

Hast du jetzt Matthäus 25, 31–46 gelesen? Bist du normalerweise ein Schaf oder ein Bock? Fällt dir gerade jetzt eine von den „Nullen" ein, ob in der Schule, in der Kirche oder der Nachbarschaft, bei dem oder bei der du etwas ausrichten kannst? Schreib auf (man erinnert sich besser, wenn man etwas aufgeschrieben hat), wie du das anfangen willst. Halt deine Augen offen, damit du siehst, wer ein Lächeln oder ein freundliches Wort braucht. Wenn du dann das nächste Mal diese Leute siehst, denk daran, wer sie in Wirklichkeit sind: „Was du an einem dieser kleinsten meiner Brüder getan hast..."

Das Mitläufer-Syndrom

Schon mal einen Haufen Schafe durch die Gegend laufen sehen? So was Komisches! Da draußen können ein paar Hundert alle in die gleiche Richtung laufen, aber eins davon – wahrscheinlich so ein aufrührerisches mit Irokesenschnitt, in schwarzes Leder gehüllt, Ring in der Nase – wird sich vornehmen: *Ich will aber anderswo hinlaufen.* Also macht es kehrt. Was macht wohl der Rest der Herde? Die drehen auch ab! Sie denken nicht mal darüber nach. Wenn einer kehrt macht, machen alle kehrt.

Ich sage es nur ungern, aber wir Menschen sind den Schafen sehr ähnlich. Nicht, daß wir gern querfeldein laufen und einen

Ring in der Nase tragen, aber wir taugen viel besser dazu, jemand anderem nachzulaufen, als uns den Weg selbst zu suchen.

Stimmt es etwa nicht, daß wir uns überhaupt nicht von unseren Freunden unterscheiden *wollen*, wenn wir mit ihnen zusammen sind? Wie sie sich auch anziehen, wie sie reden, womit sie sich beschäftigen – genauso kleiden wir uns, reden und beschäftigen auch wir uns. Stimmt's?

Was aber viel bedenklicher stimmt: wir wollen sogar *glauben*, was sie glauben. Ich kenne wenige Menschen, die eine schnelle Antwort parat haben, wenn man sie fragt, was sie glauben und wofür sie leben. Und ich weiß, daß es noch weniger gibt, die den Mut haben und es sich etwas kosten lassen, nach ihrem *Glauben* zu leben. Die meisten, die ich kenne, folgen einfach den Trampelpfaden anderer, mit denen sie gerade zu tun haben. Wenn sie in der Kirche sind, benehmen sie sich so, wie man sich als Kirchgänger benimmt. Wenn sie zu Hause sind, benehmen sie sich so, wie die Familie es verlangt. Wenn sie mit Freunden zusammen sind, machen sie alles, was die Freunde von ihnen erwarten.

Wie Chamäleons, diese kleinen Reptilien, die ihre Farbe jedem beliebigen Hintergrund anpassen können, damit sie nicht auffallen.

So etwas hat Gott uns nicht zugedacht. Klar, er weiß sehr gut, daß wir wie Schafe sind. Er hat uns immerhin *gesagt*, wir seien wie Schafe. Der einzige aber, dem wir nachfolgen sollen, ist der Gute Hirte, Jesus Christus. Wenn wir in Gesellschaft sind, müssen wir daran denken, daß wir manchmal aufstampfen sollten und sagen: „Nicht mit mir."

Vers des Tages:

Wachet, steht im Glauben, seid mutig und seid stark.
1. Korinther 16, 13

Vorschlag:

Der heutige Vers fängt an mit: „Wachet!“ Üb das heute mal. Zweideutige Situationen schleichen sich manchmal regelrecht an uns heran. Vielleicht entfährt uns der eine oder andere Ausdruck, bei dem wir uns sicher sind, daß er Gott nicht gefallen würde. Dabei standen wir nur mit anderen zusammen, die eben so geredet haben. Vielleicht ertappen wir uns dabei, jemanden zu beleidigen, weil alle anderen es auch tun. Halte heute einmal deine Augen und Ohren offen, um wirklich mitzubekommen, was überhaupt los ist. Kommst du nur deshalb in Versuchung, Gott ungehorsam zu sein, weil du dich zur Masse der anderen hältst?
„Sei wachsam.“

Hey!

Willst du die Story von jemandem lesen, der sich weigerte, mit der Masse zu gehen? Lies Daniel 6.

Ist das alles?

Ich habe Diane im College kennengelernt. Wir kämpften uns beide durch den Lernstoff der Schule, wir schälten gemeinsam Kartoffeln.

Zuerst aber habe ich nicht gemerkt, wie hübsch sie war, weil sie eine Brille trug, die ihre Schönheit verhüllte. Hast du schon mal Bilder von diesen Schmetterlingsbrillen gesehen? Die mit der Flügelform?

Eines Tages beugte sie sich über den Kartoffeltopf, und die Brille rutschte ihr von der Nase. Platsch! Mein erster Gedanke war: *Ihh! Die Kartoffeln kann ich nicht essen!* Dann schaute sie verlegen auf, und ich sah zum ersten Mal so richtig ihr Gesicht, ohne die Brille. Sie war eine Schönheit! Ich nahm mir vor, die Brille zu essen, wenn es sein mußte.

Aber als Gentleman fischte ich die Brille aus dem Topf und faßte den Entschluß, diesem Mädchen eines Tages ein Geschenk zu machen, das ihre Schönheit so zur Geltung bringen würde, wie die Augengläser es nun mal nicht schaffen konnten. Ein paar Monate später ging ich zum Juwelier, um dieses Geschenk zu kaufen – einen Diamanten. Ich fand das Stück, das ich wollte, legte es auf den Ladentisch und erzählte dem Juwelier von diesem hübschen Mädchen, das ich heiraten würde. „Schicken Sie mir die Rechnung zu!“ sagte ich stolz.

Er fragte: „Sind Sie denn kreditwürdig?“

Ich sagte: „Ach so – ich *weiß* nicht, aber ich wär's gern. Wie funktioniert das?“

Er sagte: „Man wird kreditwürdig, indem man etwas in Rechnung stellt.“

Ich: „Schön! Machen Sie mir die Rechnung.“

Er: „Ich schreibe keine Rechnung für jemand, der nicht kreditwürdig ist.“

Ich sah ihn einen Augenblick lang an und sagte: „Heißt das, ich bekomme erst dann Kredit, wenn ich kreditwürdig bin, und ich bin erst dann kreditwürdig, wenn ich einen Kredit bekomme?“

Er lächelte nur.

Ich ging also wieder nach Hause und verkaufte alles, was ich hatte – selbst meinen liebsten Besitz, den Jagdbogen samt Pfeilen. Schließlich war die Anzahlung für den Ring groß genug, so daß der Juwelier sich überreden ließ, mir den Rest in Rechnung zu stellen.

Als Diane und ich das nächste Mal ausgingen, nahm ich sie zu meinen Eltern nach Hause mit. Wir setzten uns auf das Sofa. Der Diamantring steckte in meiner Tasche. Ich legte meinen Arm um sie und sagte ihr, wie sehr ich sie liebe. Dann nahm ich ihr den alten Ring vom Finger und versprach: „Eines Tages bekommst du dafür einen Diamanten."

Man muß wissen, daß ich Diane seit Wochen auf diesen Augenblick vorbereitet hatte. Ein dutzendmal hatte ich ihr den Ring vom Finger gezogen und gesagt: „Eines Tages bekommst du einen Diamanten dafür." Sie hatte sich an den Spruch gewöhnt. Sie hatte sich auch daran gewöhnt, hinterher den alten Ring am Finger zu sehen, keinen neuen Diamanten.

Diesmal aber steckte ich den Diamanten auf, und der alte Ring wanderte in meine Tasche.

Natürlich sah sie gar nicht hin. Es war einfach zu oft geübt worden. Zwanzig Minuten vergingen. Sie ging in die Küche, um uns Cola zu holen, und plötzlich ertönte aus der Küche ein unglaublicher Schrei. Sie kam ins Zimmer gerannt, umschlang mich, warf mich dabei um, und beim Fall ging der Couchtisch zu Bruch. Ganz toll!

Ich war überglücklich, genauso wie sie. Ich hatte ihr etwas gegeben, was in meinen Augen ein unglaubliches Geschenk war – nicht nur einen Ring, sondern mein ganzes Leben –, und sie nahm es mit Freude, Glück und Begeisterung in Empfang.

Stell dir aber vor, wie ich mich gefühlt hätte, wenn Diane aus der Küche gekommen wäre und gesagt hätte: „Ist das alles, was du zustande gebracht hast? Konntest du dir keinen größeren Diamanten leisten?"

Ich weiß nicht, was ich getan hätte. Ich weiß aber, daß ich an diesem Abend nicht glücklich gewesen wäre.

Wir haben die gleiche Chance wie an diesem Abend Diane. Jeden Tag können wir Gott für das unglaubliche Geschenk des Lebens danken. Wir können Jesus danken, daß er am Kreuz für uns gestorben ist, damit wir jetzt Gemeinschaft mit Gott haben können und außerdem ewiges Leben. Eine Gabe, die mehr wert ist als eine Million Diamanten.

Oder wir können sagen: „War das alles? Hättest du es dir nicht so überlegen können, daß ich die Freuden der Sünde noch ein bißchen mehr auskosten kann? Warum ist es so eine Last, ein Christ zu sein? Hättest du mich nicht etwas schöner erschaffen können? Oder begabter? Oder reicher? Und warum regnet es heute? Mehr hast du mir nicht zu bieten?"

Gott wird heute für dich da sein und jedes echte Bedürfnis stillen. Er gibt dir die nötige Kraft, wenn es schwierig wird. Wie reagierst du darauf?

Vers des Tages:

Ich aber will von deiner Macht singen und des Morgens rühmen deine Güte; denn du bist mir Schutz und Zuflucht in meiner Not.
Psalm 59, 17

Hey!

Willst du die Story von einem Teenager lesen, der Gottes Macht erkannte und seine Hilfe annahm? Lies 1. Samuel 17.

Vorschlag:

Nimm die letzte Zeile des heutigen Abschnitts als ernste Frage wahr: Wie reagierst du auf Gottes Angebot, dir heute zu helfen? Schreibe zwei oder drei ganz bestimmte Dinge auf, die du heute tun willst, bei denen du dich aber auf Gott verlassen mußt oder wo du zulassen mußt, daß er dir hilft. Schau am Ende des Tages noch einmal auf diese Punkte zurück und beurteile, wie du dich gehalten hast. Gott bietet uns ein wunderbares Geschenk – viel besser als einen Verlobungsring mit Diamant! Nimm es dankbar an.

Unverhofft kommt oft!

Vor ein paar Jahren zog ich um, in ein neues Haus mit Seeblick. *Toll*, dachte ich, *gerade die richtige Strecke für meinen Morgenlauf.* Jeden Tag fing mein Fitneßprogramm mit einem Lauf um diesen See an.

Ein paar Monate lang war diese Gegend wirklich toll. Eines Morgens aber – ich freute mich über die frische Luft, betete sogar ein bißchen beim Laufen, träumte in den Tag hinein – kam jemand aus den Büschen, wo er sich versteckt hatte, schwenkte einen Knüppel und sagte: „Den Typ nehme ich mir vor."

Eine halbe Stunde später kam ich nach Hause gestolpert, verbeult und verwundet, halb zu Tode geprügelt. Am schlimmsten waren nicht einmal die Verletzungen und die Schmerzen. Am schlimmsten war die bohrende Frage: *Warum? Womit habe ich das verdient?*

Wie kommt es, daß wir uns so schnell schuldig fühlen, wenn etwas schiefgeht, egal ob wir nun tatsächlich einen Fehler gemacht haben oder nicht? Ein Grund könnte vielleicht sein, daß wir Gottes Vergebung nicht so leicht annehmen. Wir haben *alle* gesündigt. Und zwar oft. Dazu sagt die Bibel in Römer 3, 23: „Sie sind allemal Sünder und ermangeln des Ruhmes, den sie bei Gott haben sollten", und in Römer 6, 23: „Der Sünde Lohn ist der Tod." Wir wissen, daß wir gesündigt haben, wir wissen, daß wir Strafe verdient haben, und manchmal nehmen wir jede Strafe an, die uns zufällig in die Quere kommt, weil sie ja angeblich nichts anderes ist als das, was wir verdient haben.

Das stimmt aber nicht. Denn an dieser Erklärung fehlen ein paar Bestandteile. Zum einen ist Christus gestorben, um für diese Sünden zu büßen. Zum anderen: weil Christus die Strafe für die Sünden bezahlt hat, kann Gott sie uns nicht nur vergeben, sondern sie auch völlig aus dem Weg schaffen.

Als daher dieser Typ mit dem Knüppel mich ansprang, *hatte es überhaupt nichts mit mir persönlich zu tun!* Er war einfach ein knüppelschwingender Verrückter, kein von Gott gesandter Racheengel, der mich für den Vogel büßen lassen sollte, den ich als Kind mit dem Fahrrad überfahren hatte. Jesus hat schon für meine Sünden bezahlt. Wenn ich mich also frage: *Warum tut Gott mir das an?* dann lautet die Antwort: *Er* tut mir *gar nichts* an. Gott begleicht keine alten Rechnungen. Mein Angreifer hatte sich irgendein Opfer ausgesucht, das zufällig vorbeikam und nicht gefährlich aussah. (Wenn du mich jemals in Turnschuhen sehen solltest, weißt du, warum ich nicht gefährlich wirkte. Vielleicht etwas seltsam, aber nicht gefährlich. Eher so wie ein Pizzabote.) Er hätte sich problemlos jemand anders aussuchen können, aber zufällig war ich dran.

Aber dieser Typ war ein Fremder. Was ist, wenn ein *Freund* sich gegen dich wendet und du keine Ahnung hast, womit du das verdient haben könntest? Wenn vielleicht dein Vater oder deine Mutter zuviel trinkt und dich herumschubst? Wenn du als Mädchen von einem Typ gewaltsam bedrängt wirst? Wenn uns so eine Wunde von jemandem zugefügt wird, den wir kennen und mögen, dann liegt es noch viel näher, uns selbst die Schuld zu geben. *Mein Papa hat mich geschlagen, weil ich schlecht bin; ich hab's verdient. Mein Freund hat mir die Bluse zerrissen, weil ich ihn angemacht oder mich aufgedrängt habe; ich war selbst schuld.*

Nein, tausendmal nein! Christus hat die Strafe für unsere Sünden bezahlt; wenn jemand uns respektlos, feindselig oder brutal behandelt, brauchen wir das nicht als eigenen Fehler zu betrachten.

Verstehen wir doch diese Botschaft ein für allemal: Unsere Schuld ist *bezahlt* worden. Unsere Sünden sind vergeben, und in Gottes Augen bedeutet vergeben soviel wie *verschwunden*, weg, futsch. Wir haben vielleicht andere mit unseren Sünden verletzt, und wir müssen dafür auch um Vergebung bitten – aber Gott hat nicht vor, uns einen Typ mit Baseballschläger in die Quere zu schicken (oder Eltern, die uns mißhandeln, oder Freunde, die zu weit gehen wollen), um uns davon zu erlösen.

Wenn Jesus Christus etwas macht, dann macht er es richtig.

Vers des Tages:

So gibt es nun keine Verdammnis für die, die in Christus Jesus sind. Denn das Gesetz des Geistes, der lebendig macht in Christus Jesus, hat dich frei gemacht von dem Gesetz der Sünde und des Todes.
Römer 8, 1.2

Hey!

Wenn du immer noch nicht das Gefühl hast, dir wäre alles vergeben, lies 1. Johannes 1, 9 und Römer 8, 31–39.

Vorschlag:

Kannst du dich an Methoden erinnern, mit denen du für deine Sünden zu „bezahlen" versuchst? Vielleicht nimmst du hin, daß eine verletzende Situation andauert, oder du gibst dir selbst die Schuld an schlimmen Dingen, die dir passiert sind? Wenn ja: Du hast etwas Besseres verdient! Schreib auf, was du unternehmen wirst, um aus dieser Situation herauszukommen. Gibt es einen Freund, einen Lehrer oder Pastor, dessen Hilfe du brauchst, um dich aus deiner Lage zu befreien? Zögere nicht, um Hilfe zu bitten, wenn du meinst, darauf angewiesen zu sein.
Vor allem aber denk daran, daß Gott Jesus gesandt hat, der dafür starb, um deine Schuld auszulöschen. Halt dich nicht an alten Schulden fest.
Viel Glück dabei! Denke immer an Römer 8, 31: „Ist Gott für uns, wer kann gegen uns sein?"

Mit dem Kopf durch die Wand

Wie findest du diese Geschichte: Zwei Schlachtschiffe im Übungsgeschwader waren bei schwerer See tagelang im Manöver gewesen. Ich hatte Dienst auf dem führenden Schlachtschiff und stand bei Einbruch der Nacht auf der Brücke Wache. Die Sichtweite war wegen Nebelschwaden sehr begrenzt, also blieb der Kapitän auf der Brücke und führte Aufsicht über alle Aktivitäten.

Kurz nach dem Dunkelwerden wurde vom Ausguck am einen Brückenende berichtet: „Lichter auf Steuerbord."

„Unbewegt oder nach achtern?" rief der Kapitän.

Der Ausguckposten erwiderte: „Unbewegt, Kapitän", was bedeutete, daß wir uns auf einem gefährlichen Kollisionskurs mit diesem Schiff befanden.

Der Kapitän rief den Signalmann an: „Signalisieren Sie dem Schiff: Wir sind auf Kollisionskurs, rate Ihnen, Kurs um zwanzig Grad zu ändern."

Kam das Signal zurück: „Ratsam für Sie, Kurs um zwanzig Grad zu ändern."

Der Kapitän: „Signalisieren Sie: Ich bin Kapitän, ändern Sie Kurs um zwanzig Grad."

„Ich bin einfacher Seemann", kam die Antwort. „Besser für Sie, Kurs um zwanzig Grad zu ändern."

Jetzt war der Kapitän wütend geworden. Er schnaubte: „Signalisieren Sie: Ich bin ein Schlachtschiff. Ändern Sie Kurs um zwanzig Grad."

Nun kam folgendes Lichtsignal: „Ich bin ein Leuchtturm."

Wir änderten unseren Kurs.[1]

Witzige Geschichte. Läßt sich aber auch auf viele Gespräche anwenden, die wir mit unseren Freunden, Eltern oder Geschwistern führen. Wir geben uns so viel Mühe, unsere Meinung rüber-

---

[1] Stephen R. Covey. *The Seven Habits of Highly Effective People* (Sieben Merkmale erfolgreicher Menschen), New York 1989, S. 33

zubringen, daß wir gar nicht mitkriegen, was der andere sagen will.

Einmal beobachtete ich, wie zwei Autos auf einem Parkplatz frontal zusammenstießen. Vielleicht haben die Fahrer nicht auf ihren Weg achtgegeben; vielleicht suchten sie gerade nach einer Parklücke oder einem anderen Radiosender oder so. Vielleicht aber sahen sie auch den anderen kommen und waren bloß zu stur, als erster abzudrehen. Ich kann mir vorstellen, was ihnen durch den Kopf ging, als sie einander näher kamen:

Was glaubt der eigentlich, wer er ist, wie er da so langschaukelt. Wartet wohl drauf, daß ich als erster zur Seite fahre. Glaubt wohl, daß ihm der Parkplatz gehört. Soll er doch drehen! Der will mir doch bloß die Parklücke wegnehmen, aber damit kommt er bei mir nicht durch! Weg da, Alter! Wenn du glaubst, daß du mich hier rumschubsen kannst, bist du...

– RUMMS!

Wenigstens wußte der Schlachtschiffkapitän, wann er geschlagen war.

Meiner Meinung nach kann es irgendwie nicht Gottes Wille sein, wenn wir in unseren Beziehungen zu Freunden und Angehörigen nach dem Muster verfahren, solange mit den Köpfen zusammenzuknallen, bis einer vor Schmerzen aufgibt. Ich glaube, besser findet er gegenseitigen Respekt, Geben und Nehmen, gegenseitiges Verständnis für Gedanken und Ideen des anderen. Ich glaube, Gott hätte es lieber, wenn wir erst mal versuchen zu verstehen, und dann verstanden zu werden.

Selbst die „Goldene Regel“ gibt uns auf, so zu handeln *(Alles nun, was ihr wollt, daß euch die Leute tun sollen, das tut ihnen auch* – Matthäus 7, 12).

Leichter gesagt als getan, was? Besonders in der eigenen Familie. Aber meist fangen wir deshalb an zu streiten, weil die Gegner zu stur sind, um zuzuhören oder zu wütend, um mit dem Reden aufzuhören.

Deshalb also ein Plan. Du willst deinen Bruder oder deine Schwester *wirklich* ausflippen sehen? Wenn sie das nächste Mal einen Streit anfangen wollen, höre ihnen tatsächlich zu! Dann frage nach, was sie sagen wollen, versuche festzustellen, wie sie sich fühlen. Den Gesichtsausdruck zu beobachten ist mehr wert, als einen Streit zu gewinnen!

Vers des Tages:

Ein jeder Mensch sei schnell zum Hören, langsam zum Reden, langsam zum Zorn.
Jakobus 1, 19

Vorschlag:

Christsein fängt zu Hause an. Und niemand weiß besser als du, wie hart es sein kann, sich zu Hause wie ein Christ zu benehmen. Fangen wir doch damit an, den heutigen Vers erst einmal zu Hause anzuwenden, dann anderswo. „Schnell zum Hören, langsam zum Reden, langsam zum Zorn." Wow! Wie soll man das bloß anstellen? Natürlich hilft Gott dabei, wenn du ihn bittest, aber du mußt schon eine genaue Vorstellung haben. Fang jetzt an, dir einen Plan aufzustellen, und wenn dir Gedanken dazu kommen, schreibe sie auf. Während du den Tag hinter dich bringst, achte genau auf die Gelegenheiten, wo du eine Chance hast, diese Ideen anzuwenden.
Viel Glück!

Hey!

Epheser 4, 29–32 bringt ein paar tolle Grundsätze, wie man sich in Gesprächen und Beziehungen verhält – schwierig, aber einfach toll!

Ein ganzer Kerl

Hast du schon mal diese Bilder von Jesus gesehen, die ihn als etwas blutleeren Weichling darstellen, der Angst hat, sich die Finger schmutzig zu machen? Ich hasse solche Bilder! Nicht nur, weil ich den Gedanken an so einen Jesus nicht ausstehen kann – die Bibel beschreibt ihn einfach nicht so.

Denk doch mal darüber nach. Jesus hat sich seine Nachfolger unter Männern ausgesucht, die zu den härtesten, rauhesten auf der ganzen Welt gehörten. Sie waren körperlich stark und vermutlich schmutzig; wahrscheinlich konnten sie einen guten Schluck vertragen und nicht schlecht fluchen (wie ein Seemann sich nun mal anhört). Diese Kerle hatten einen Ruf wie heutzutage ein Hafenarbeiter.

Jesus hat nicht lange mit ihnen gefackelt. Als sie von ihren Booten kamen, kam er nicht etwa mit diesen Worten auf sie zu: „Meine Herren! Nehmen Sie doch Platz und plaudern ein wenig mit mir. Ich habe ein Angebot für Sie, das Sie bestimmt interessieren wird. Wenn Sie erst einmal begriffen haben, was Sie im Falle Ihrer Nachfolge gewinnen könnten . . ."

Nichts von dieser Sorte. Er baute sich vor ihnen auf und sagte: „Folgt mir nach."

Und das haben sie *getan*! Diese grobgestrickten Fischer, für die Angst ein Fremdwort war – zwei von ihnen hatten den Spitznamen „Donnersöhne" (ich wette, der Dorfpolizist hatte schon lange ein Auge auf sie geworfen) – ließen auf der Stelle ihre Netze fallen und gingen mit Jesus.

Verlaßt euch drauf, sie hätten nicht alles stehen und liegen lassen, um einem Spinner nachzulaufen, der gerade aus der Klapsmühle entfleucht war. Jesus war Manns genug, nicht nur Respekt, sondern sogar Gehorsam von diesen hartgesottenen Männern zu verlangen.

Und andere Begebenheiten aus seinem Leben zeigen uns, warum das so war.

Eines Tages kam er in den Tempelvorhof und fand darin die

Geldwechsler und Opferverkäufer mit ihren Tischen vor, wie sie die Tempelbesucher betrogen und damit ein Vermögen machten – direkt in Gottes Haus! Du kennst sicher die Geschichte. Jesus hat sich nicht etwa an seine Leute gewandt und gesagt: „Schmeißt diese Gauner raus." Er trat an die Tische und kippte sie um. Kannst du dir das vorstellen? Münzen, die auf dem Boden rollten; Tauben flatterten überall; Lämmer blökten, Leute fluchten, Tische krachten – und dann schnappte Jesus sich eine Peitsche und trieb alle Betrüger aus dem Vorhof! Und er nahm kein Blatt vor den Mund. „Ihr habt aus dem Haus meines Vaters eine Räuberhöhle gemacht!" schrie er.

Ich liebe diese Geschichte. Ich freue mich auch über die Storys, wie Jesus Dämonen austrieb. Er brauchte bloß zu sagen, wer er war. „Ich bin Jesus – und ihr wart einmal."

Warum das so wichtig ist? Deshalb: wenn wir Christen sind, wenn wir seinen Namen tragen, müssen wir wissen, wem wir nachfolgen. Er war nicht irgendein Schlappschwanz. Er war der kompletteste Mensch, der je über die Erde gelaufen ist. Nicht nur, weil er Fischer überzeugte und Diebe aus dem Tempel jagte – vor allem, weil er den Lauf der Geschichte veränderte und die Art und Weise, wie wir heute mit Gott umgehen. Und weil er als einziger nicht nur Mensch, sondern zugleich Gott war.

Vergiß also die weichgezeichneten Jesulein-Bilder.

Hör lieber hin, was die Bibel über Jesus sagt, den ganzen Kerl und lebendigen Gott zugleich.

Vers des Tages:

Und Jesus nahm zu an Weisheit, Alter und Gnade bei Gott und den Menschen.
Lukas 2, 52

Vorschlag:

Wenn du die oben genannten Bibelstellen gelesen hast, versuche doch mal dieses Experiment: Wenn heute etwas passiert, bei dem du Stellung beziehen mußt, frage dich: „Wie würde der Jesus, der die Geldwechsler aus dem Tempel trieb, mit dieser Situation umgehen?“ Würde er sich zurücklehnen und nichts sagen? Würde er weglaufen? Würde er eingreifen und die Sache selbst in die Hand nehmen? Der gleiche Gott, der die Fischer zu sich rief, Dämonen und Geldwechsler austrieb, ist auch dein Gott!

Hey!

Die Geschichte der Fischer steht in Lukas 5, 1–11. In Joh. 2, 13–16 ist zu lesen, wie Jesus die Händler aus dem Tempel scheuchte.

Einfach beten?!

Jeden Morgen laufe ich um den See, und beim Laufen rede ich mit Gott. Manchmal sage ich zu ihm: „Gott, danke für den wunderbaren Morgen! Danke für die Bäume, die Blätter und alles andere, das du gemacht hast. Es ist so toll zu leben!“ Manchmal bete ich morgens: „Gott, alles ist so furchtbar. Wo bist du überhaupt? Ich hab’ nicht das Gefühl, daß du bei mir bist. Mein Leben ist im Eimer, und ich weiß nicht, was ich tun soll!“

Alles das bete ich laut – was andere davon abhält, mit mir joggen zu gehen.

Einmal fragte mich eine Frau sehr kritisch: „Knien Sie nicht nieder, wenn Sie beten?“ Nein – hab’ ich einmal versucht, aber so hab’ ich’s nur halb um den See geschafft. Hat ziemlich wehgetan!

Im Grunde geht es nicht um die Frage, ob wir beim Beten niederknien oder ob es in Ordnung ist, in aller Öffentlichkeit laut zu beten und die Leute zu erschrecken. Die Frage ist: Wie ehrlich sind wir zu Gott, wenn wir beten? Wenn ich auf Gott sauer bin oder mich allein fühle, dann sage ich es ihm. „Gott, ich finde das ungerecht! Gott, ich finde, du hast mich im Stich gelassen. Gott, ich fühle mich absolut unglücklich.“

Ich habe schon manchen sagen gehört: „Das ist Gotteslästerung. Man darf mit Gott nicht so reden!“ Was meinst *du*, wie Gott uns am liebsten reden hört? Glaubst du, er will, daß wir ihm was vormachen? Machen wir das nicht, wenn wir sagen: „Gott, mir geht es gut, es ist schön, hier zu sein“, obwohl wir vielleicht in Wirklichkeit wütend oder ängstlich oder enttäuscht sind? Wir fürchten uns, ihm die Wahrheit zu sagen. Wir haben Angst, es wäre eine Sünde, sich auch mal schlecht zu fühlen.

David machte sich keine Sorgen über so etwas, wenn er betete. In den Psalmen ging er so ehrlich mit Gott um, wie er konnte. Er machte zum Beispiel folgende Aussagen: „Ich bin matt geworden und ganz zerschlagen; ich schreie vor Unruhe meines Herzens“ (Psalm 38, 9) und „Mein Gott, mein Gott, warum hast du mich verlassen? Ich schreie, aber meine Hilfe ist ferne.

Mein Gott, des Tages rufe ich, doch antwortest du nicht" (Psalm 22, 1.2).

Seien wir doch ehrlich zu Gott. Er *weiß* sowieso, wie wir uns fühlen. Rede also Klartext. Er kann uns besser aus unserer miesen Laune oder dem Gefühl des Alleinseins helfen, wenn wir ihm die Wahrheit sagen.

Vers des Tages:

Darum laßt uns hinzutreten mit Zuversicht zu dem Thron der Gnade, damit wir Barmherzigkeit empfangen und Gnade finden zu der Zeit, wenn wir Hilfe nötig haben.
Hebräer 4, 16

Hey!

Glaubst du wirklich, daß Gott auf deine Gebete reagiert? Lies Lukas 18, 1–7 – und gib nicht auf!

Vorschlag:

Versuche in der nächsten Woche, anders als sonst zu beten. Sei völlig ehrlich zu Gott, wenn es um deine Gefühle geht. Ärgerst du dich über Gott, weil etwas Schlimmes passiert ist? Sag es ihm! Fühlst du dich wertlos, ungeliebt, gedemütigt, verlassen, einsam? Hast du das Gefühl, daß dein Leben nie wieder richtig in Ordnung kommt? Sag ihm auch das! Bitte ihn, deine Gefühle wieder ins Lot zu bringen, danke ihm, daß er zuhört und sage Amen. Gott wird dich hören.
Er wird dich nicht mit Blitzen erschlagen, weil du ehrlich warst. Aber er wird dich ganz bestimmt mit seiner Liebe umhüllen.

„Morgen bist du tot"

Stell dir vor, du bist eines Tages mit deinem besten Freund zusammen – mit dem Menschen, der dir in der ganzen Welt am nächsten steht, und diese Person teilt dir mit: „Ich muß dir etwas sehr Wichtiges sagen. Ich werde bald sterben!"

Sag mir nicht, daß du keinen Schock fürs Leben bekommst! Aber stell dir vor, daß dein Freund fortfährt: „Hör mal – ich erzähl' dir das, damit du dir keine Sorgen machst. Ich will, daß du ganz locker und ruhig bleibst."

Wie stellt der sich das vor? Eine Todesankündigung ist nicht gerade das wirksamste Beruhigungsmittel!

Klingt seltsam – aber genau das hat Jesus seinen Jüngern in Johannes 16 angekündigt. Als er ihnen gesagt hatte, daß er bald sterben würde, verlangte er, sie sollten sich darüber nicht aufregen. Und dann informierte er sie über etwas geradezu Geniales: Für den Rest ihres Lebens müßten sie mit Auseinandersetzungen, Versuchungen und Prüfungen rechnen!

Was? Lies die Bibelstelle und überzeuge dich selbst: Johannes 13, 33–38 und 15, 18–16, 3. Man kann sich bildlich vorstellen, wie die Jünger neugierig weiterfragten: „Wie schön, Herr – hat die Sache vielleicht einen Haken?"

Aber im Ernst: Diese Botschaft ist deshalb so großartig, weil sie uns von einer falschen Meinung erlöst, die viele Leute haben. Wir glauben, daß alles glatt geht, wenn wir gut sind – dann wird Gott sich dafür einsetzen, daß nichts schiefgeht. Und wenn wir böse sind, läßt Gott uns Böses zustoßen. Und das, mein Freund, ist ein gefährliches Mißverständnis – denn wenn wir so etwas glauben, meinen wir, daß alles Schlechte im Leben unsere eigene Schuld sei!

Manchmal natürlich bekommen wir es mit den direkten Folgen unserer schlechten Entscheidungen zu tun. Wenn man nicht lernt, versagt man in der Schule. Wenn man den Eltern nicht gehorcht, droht ein Hausarrest. Aber es kann dir selbst dann etwas Böses zustoßen, wenn du dich an die Regeln hältst – und das ist nicht deine Schuld.

Wenn ich mit Kindern rede, deren Eltern sich scheiden ließen, muß ich feststellen, daß die meisten sich die Schuld daran geben. Manchmal muß ich sogar den einen oder anderen, in dessen Familie es einen Todesfall gab, davon überzeugen, daß es nicht seine Schuld war! Dahinter steht der Gedanke, Gott sei eine Art kosmischer Polizist, der nur darauf lauert, ob jemand Mist macht und sich dann den Übeltäter schnappt!

Das stimmt einfach nicht. Und hier zeigt sich, wie cool es war, was Jesus den Jüngern damals sagte. Er hat ihnen im voraus erzählt, daß sie ihr ganzes Leben lang mit Problemen kämpfen müßten, aber *nicht* aus eigener Schuld. Es gehört nun mal zum Leben. *Ihre* Aufgabe war es, das beste daraus zu machen, wenn all das auf sie niederprasselte.

Ich weiß nicht, wie du darüber denkst, aber ich bin froh, daß Jesus uns diese Botschaft gegeben hat. Sie befreit mich immer wieder von Schuldgefühlen, wenn etwas schiefgegangen ist. Es ist nicht nur so dahingesagt: Der Regen fällt auf Gerechte und Ungerechte gleichzeitig. Wenn uns etwas zustößt, hat das nichts mit einer Strafe Gottes zu tun. Es gehört einfach zum Leben.

Jesus will uns nicht mit Schuld überhäufen. Im Gegenteil, wir können uns sogar mitten in den Problemen freuen – weil Jesus die Schlacht schon gewonnen hat und den Sieg mit uns teilen will.

Vers des Tages:

Das habe ich mit euch geredet, damit ihr in mir Frieden habt. In der Welt habt ihr Angst; aber seid getrost, ich habe die Welt überwunden.
Johannes 16, 33

Vorschlag:

Welche Sünden oder Fehler, die du verzapft hast, plagen dich gerade jetzt oder machen dir Sorgen? Stell fest, was dich am meisten bedrückt, und frag dich dann: *Sind das die Folgen einer Tat, für die ich um Vergebung bitten muß?* Wenn die Antwort ja lautet, sprich mit den Menschen, die du verletzt hast, gestehe ein, was du falsch gemacht hast, und bitte sie um Vergebung. Wenn du aber nur einen Fehler gemacht hast, dann lerne daraus und rappel dich wieder auf. Du brauchst dir nicht wegen allem ein schlechtes Gewissen zu machen! Jesus ist ans Kreuz gegangen, um uns davor zu bewahren.

Hey!

Glaubst du, daß Gott selbst aus Fehlern, die du begangen hast, etwas Gutes machen kann? Lies Römer 8, 28.

Der Lohn der Spritze

(Dave)

Als ein Teil meiner Leukämiebehandlung mußte ich mir ein Jahr lang dreimal wöchentlich eine Interferonspritze setzen. Meine Tochter Beth, damals in der ersten Klasse, hielt sich die Hände vor die Augen und sah mir zwischen den Fingern hindurch zu, wie ich mir die Injektion ins Bein setzte. Sie fragte: „Warum gibst du dir selbst eine Spritze? Tut das nicht weh?"

„Das tut nicht so sehr weh, wenn ich daran denke, dadurch eines Tages gesund zu sein", antwortete ich.

Wie der Fußballtrainer, der sich mit einem Bild von der Meisterschaftstrophäe auf dem Schreibtisch für seine monatelange harte Arbeit motiviert, wie der Geschäftsmann, der sich jeden Abend ein Bild von seinem Traumsegelboot anschaut, das ihm die langen Verkaufsgespräche versüßen soll – so dachte auch ich über das Behandlungs*ergebnis* nach und ging über die Zeiten meines Unwohlseins hinweg. Als die Leukämie unter Kontrolle war und ich mich wieder gesund fühlte, war die Erinnerung an die Schmerzen auf dem Weg dahin bedeutungslos geworden.

Ob wir es gern hören oder nicht – es kostet etwas, Christus nachzufolgen. Vielleicht hast du solche Kosten schon verspürt, vielleicht nicht. Aber sie lassen sich nicht vermeiden. Deinen Freunden könnte es nicht passen, wie du dich entwickelst, und schon paßt du nicht mehr in ihre Clique. Manches, was dir wirklich Spaß macht, wirst du – vielleicht ungern – aufgeben, weil du Christ geworden bist und andere Maßstäbe hast. Du bekommst es mit spöttischen und feindseligen Bemerkungen von Leuten zu tun, die aus irgendwelchen Gründen keine Christen mögen. Du mußt dich von deiner Freundin oder deinem Freund trennen, weil sie deine Überzeugungen nicht mehr teilen und eure Beziehung in eine Richtung treiben wollen, die dir nicht gefällt. All das, und noch viel mehr, kann zu den Kosten gehören, ein Christ zu sein.

Aber wie die Spritzen, die ich mir gegen meine Leukämie verpassen mußte, lohnt sich der Aufwand letzten Endes. Eigentlich hat ja alles seinen Preis, was sich zu tun lohnt. Wenn die Fußballmannschaft deiner Schule die Meisterschaft gewinnt, haben die beifallklatschenden Zuschauer keinen Einsatz geleistet. Ganz bestimmt aber die Spieler, die auf dem Feld schwitzen. Zahllose Stunden haben sie trainiert, geschwitzt, sich konzentriert – Zeit, die sie vielleicht lieber sonstwo verbracht hätten. Sie wissen, daß die harte Arbeit und das Training zu den Kosten für den Erfolg gehören.

Wenn du zwei Leute siehst, die glücklich verheiratet sind, die sich lieben und einander helfen, dann haben sie bestimmt hart an ihrer Ehe gearbeitet. Eine Ehe führen ist nicht leicht, und wenn sie nicht mißlingen soll, braucht es seine Zeit, die Fehler auszubügeln, stundenlang zu reden, nachzudenken, zu geben und zu teilen. Manchmal streitet man sich, manchmal muß man seine Stunden beim Eheberater absitzen. Aber das Ergebnis ist jede Mühe wert.

Christus bietet uns die gleiche Hoffnung: er hilft uns, mit den Kosten seiner Nachfolge fertigzuwerden. Also können wir auch das Unangenehme ertragen, weil die Belohnung am Ende jede Mühe wert gewesen ist.

Vers des Tages:

Selig seid ihr, wenn euch die Menschen um meinetwillen schmähen und verfolgen und reden allerlei Übles gegen euch, wenn sie damit lügen. Seid fröhlich und getrost; es wird euch im Himmel reichlich belohnt werden.
Matthäus 5, 11

Zum Nachdenken:

Was mußtest du wirklich schon einmal für dein Christsein aufgeben, wenn es hart auf hart kam? Hast du schon mal wegen Jesus gelitten? Die meisten von uns wohl nicht sehr viel.
Es gibt Länder auf unserer Erde, wo Christen wegen ihrer Nachfolge viel ertragen

Hey!

Lies Hebräer 11, 35–40. Daraus siehst du, was für einen Plan Gott für alle Menschen hat.

müssen, sogar den Tod. Grund genug, Gott zu danken, daß du in einem Land wohnst, wo man das Christentum eher akzeptiert! Frag dich aber trotzdem: Kann es sein, daß mein Glaube in manchen Punkten schwächer ist als bei denen, für die das Christsein gefährlicher ist?

Ein echte Tragödie

Am 28. Januar 1986 hoben an Bord der Raumfähre Challenger sechs Besatzungsmitglieder und eine Lehrerin von der Rampe ab und starteten vom Kennedy-Space-Center in den Weltraum. Der Flug war vor allem aus einem Grund bemerkenswert: Zum ersten Mal war eine Zivilistin, eine Nicht-Astronautin, Mitglied der Mannschaft – die Lehrerin Krista McAuliffe. Deswegen saßen die Schulkinder im ganzen Land vor dem Fernseher und sahen zu, wie die Rakete abhob.

Weniger als zwei Minuten nach dem Start mußten diese vielen Tausend Schulkinder samt den anderen Zuschauern mit ungläubigem Entsetzen beobachten, wie das Space-Shuttle explodierte und in einen Feuerball aufging. Wer diese Tragödie miterlebte, wird sie nie mehr vergessen können.

Als sich bei mir Trauer und Entsetzen gelegt hatten, schrieb ich die Einzelheiten dieses Unglücks nieder, dazu Gefühle und Gedanken, die mir dabei gekommen waren. Beim Schreiben und Nachdenken über das Geschriebene in den nächsten paar Monaten war ich selbst überrascht, in welche Richtung meine Überlegungen mich brachten.

Der Hauptgedanke war dieser: So traurig und schrecklich das Challenger-Unglück war, besonders für die Familien und Freunde der sieben Astronauten, gibt es doch eine schlimmere Tragödie, die sich jeden Tag um uns her abspielt. Diese sieben Menschen starben auf ihrem beruflichen Höhepunkt. Sie hatten sich viele Jahre lang auf diesen Augenblick vorbereitet, und obwohl ihre Aufgabe nicht vollendet war, hatten sie doch ihren Anteil dazu beigetragen: sie hatten sich für die Mission qualifiziert, sie waren Astronauten. Das Versagen der Ausrüstung, das zur Explosion geführt hatte, war nicht ihre Schuld; sie starben als erfolgreiche Menschen, nicht als Versager. Ihr Opfer, ihr Einsatz hatte sie an den Rand der Verwirklichung des Ziels gebracht.

Ja, ihr Tod war eine Tragödie, selbst in diesem Augenblick des Ruhms. Die schlimmere Tragödie aber im Alltag ist ein Leben *ohne* Einsatz oder Ziele. Ich rede von den ziellosen Seelen, die am Ende ihres Lebens feststellen müssen, daß sie nie über sich hinausgewachsen waren, keinen Frieden mit Gott gemacht, sich keine Ziele gesetzt haben. Sie können keine bedeutsamen Leistungen in ihrer Vergangenheit vorweisen.

Ich rede dabei auch vom betrunkenen Jugendlichen, der mit dem Auto von der Straße abkommt und im dümmsten aller Unfälle stirbt, einem Unfall, der nie hätte passieren brauchen! So endet manches Leben, bevor es richtig angefangen hatte. Oder reden wir von einem sechzehnjährigen Mädchen, das merkt, daß es schwanger ist, in Panik gerät und sich Hals über Kopf in die Ehe mit einem jungen Mann stürzt, der von der Verantwortung eines Familienvaters überhaupt keine Ahnung hat. Dieses Mädchen sieht plötzlich, wie die Möglichkeiten ihres Lebens, die großen

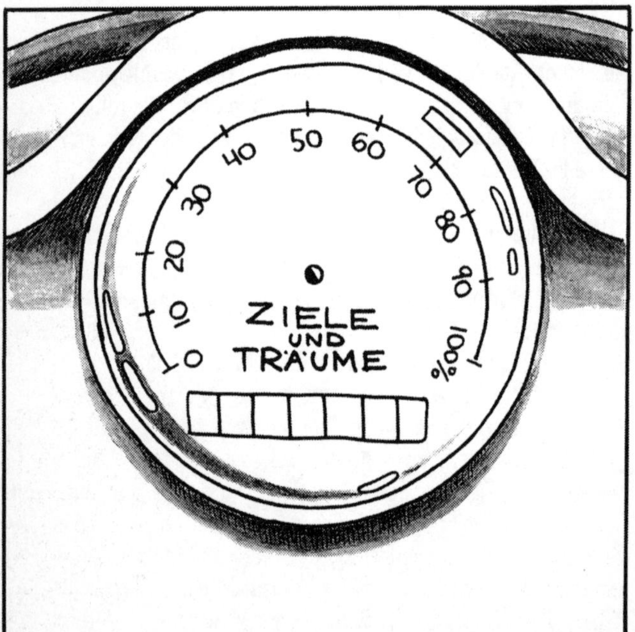

Hoffnungen und Träume sich einengen auf ein paar unschöne Entscheidungen.

Diese Geschichten sind viel tragischer als die Zerstörung des Challenger-Space-Shuttles mit den Opfern.

Diese Tragödien sind nicht das, was Gott uns zugedacht hat. Keine Spur! Gott möchte, daß wir in vollen Zügen leben, unsere Möglichkeiten voll ausschöpfen und uns dabei hundertprozentig einbringen. Er möchte natürlich, daß wir diese Leistung im Gehorsam zu ihm erbringen, aber wirf ihm niemals vor, er würde von uns verlangen, langweilig vor uns hinzuleben!

Gott ist ein Gott für echte Abenteuer!

Vers des Tages:

Wißt ihr nicht, daß die, die in der Kampfbahn laufen, die laufen alle, aber einer empfängt den Siegespreis? Lauft so, daß ihr ihn erlangt. Jeder aber, der kämpft, enthält sich aller Dinge; jene nun, damit sie einen vergänglichen Kranz empfangen, wir aber einen unvergänglichen. Ich aber laufe nicht wie aufs Ungewisse; ich kämpfe mit der Faust, nicht wie einer, der in die Luft schlägt, sondern ich bezwinge meinen Leib und zähme ihn, damit ich nicht andern predige und selbst verwerflich werde.
1. Korinther 9, 24–27

Vorschlag:

Wäre es nicht viel besser, eines Tages sagen zu können, was der Apostel Paulus mit dem heutigen Vers des Tages schreibt – „Ich habe einen guten Kampf gekämpft" –, als sagen zu müssen: „Ich habe aufgegeben"?
Oder: „Ich hab's niemals richtig versucht."
Oder: „Ich bin nur mit halber Kraft gelaufen."

Hey!

Lies nach über jemanden, der eine tolle Einstellung hatte und es richtig gemacht hat!
2. Timotheus 4, 6–8.

Markiere auf dem gezeichneten Tachometer, wieviel Leistung du in dein Leben steckst. Dazu ist es natürlich auch wichtig, sich bei Sport und Spiel einzusetzen, aber bei dieser Übung sollst du die Anstrengung einzeichnen, die du deinen Zielen und Träumen widmest – nicht irgendeine Phantasiemarke, sondern das, was du Monat für Monat bringst. Anders gesagt, wieviel Leistung setzt du diesen Monat ein, um bestimmte Ziele zu erreichen?

Wenn du auf diesem Tacho deine Markierung eingetragen hast, wird es Zeit für die Erkenntnis, daß Gott dich von jeder x-beliebigen Position in diesem Rennen auf die Stelle setzen kann, wo richtig die Post abgeht – auch wenn du bis jetzt nur auf der Tribüne gesessen hast. Schließlich brauchst du nicht *gegen* jemanden zu kämpfen. Du läufst für ihn.

Gott kann man nicht veräppeln

Achte auf das, was du betest. Eines Tages betete ich: „Lieber Gott, wenn du willst, daß ich heute mit jemandem über dich rede, gib mir ein Zeichen."

Später am Tag stieg ich in den Bus, und ein durchgestylter Schicki-Micki-Typ setzte sich neben mich – und fing an zu weinen. Die Tränen liefen ihm über die Wangen. Nach einer oder zwei Minuten riß er sich zusammen, wandte sich mir zu und sagte: „Tut mir leid. Aber mein ganzes Leben ist verpfuscht. Alles, was schiefgehen konnte, ist schiefgegangen. Jetzt bin ich soweit, daß ich wirklich Gott gebrauchen könnte, aber ich habe absolut keine Ahnung von Gott." Dann schaute er mich an und fragte: „Kennen *Sie* vielleicht zufällig Gott?"

Ratet mal, was ich getan habe. Ich sagte noch ein Gebet: „Lieber Gott! Ist das ein Zeichen? Wenn es ein Zeichen ist, mach aus dem Busfahrer ein Gürteltier."

Aber Vorsicht, mach mit Gott keine Spielchen! Ich schaute nach vorn, und der Busfahrer fing gerade an, Ameisen vom Lenkrad zu lecken!

Schon gut, vielleicht stimmt das nicht ganz. Aber richtig ist, daß

ich zu feige war, mit dem Typ zu reden, und es stimmt auch, daß ich Gott austricksen wollte, um mich rauszumogeln. Es gibt alle möglichen Arten, mit Gott rumzuspielen. Kommt dir die folgende Liste bekannt vor?

- Versuchst du, mit Gott zu „handeln", indem du versprichst, ihm zu dienen oder zu gehorchen oder etwas Besonderes für ihn zu tun, wenn er dir einen Wunsch erfüllt?
- Sagst du ihm in einem gefühlsseligen Augenblick, vielleicht am Ende eines Gottesdienstes, daß du dich ändern und ein Superchrist werden willst, machst aber im Laufe der Woche genau da weiter, wo du vorher aufhören wolltest?
- Umgehst du etwas, das du tun müßtest, und verwendest dabei irgendein dummes Argument, das nachweislich nicht stimmt? (Zum Beispiel: „Gott kann gar nicht wollen, daß ich meinem Vater gehorche und jetzt das Zimmer aufräume, weil es Sonntagnachmittag ist – Gott will doch nicht, daß man am Sonntag arbeitet!")
- Gibst du Gott die Schuld an Dingen, für die er nichts kann, damit du kein schlechtes Gewissen haben mußt, wenn du ihm nicht gehorchst?

Gehen wir mit Gott fair um! Machen wir lieber das, was wir zu tun versprochen haben. Gott ist kein Hampelmann, mit dem man herumspielen kann. Wenn er einen Busfahrer in ein Gürteltier verwandeln kann …

Okay, lassen wir das mit dem Gürteltier. Wir spielen deshalb nicht mit Gott, weil er es ist, der uns geschaffen hat, der das ganze Universum gemacht hat, der für uns am Kreuz gestorben ist.

Wir treiben keine Spielchen mit Gott, weil er Gott ist.

Vers des Tages:

Irret euch nicht. Gott läßt sich nicht spotten. Denn was der Mensch sät, das wird er ernten.
Galater 6, 7

Vorschlag:

„Gott kennt eure Herzen“, sagt Jesus in Lukas 16, 15. Das heißt, er kennt sogar unsere Gedanken – und es ist nicht einfach, jemanden an der Nase herumzuführen, der weiß, was wir denken. Trotzdem, wir alle haben es schon versucht.

Versuche, dich an eine Methode zu erinnern, mit der du Gott zur Zeit veräppeln willst – vielleicht etwas, wovon du weißt, daß es wirklich verkehrt ist, das du dir aber so zurechtbiegst, daß es für dich okay ist. Vielleicht hast du Gott etwas versprochen und willst dich jetzt herauswinden. Dann überlege dir, wie du das Richtige tun kannst, wie du mit diesem Spiel aufhören willst.

Hey!

Willst du wissen, warum es unmöglich ist, Gott hereinzulegen? Lies Lukas 16, 13–15.

Hast du einen Traum?

Ich stand kurz vor dem Rausschmiß aus der Bibelschule, als ein Professor mich in sein Büro bat. Zuerst plauderte er nur – dann lehnte er sich über den Schreibtisch und stellte mir eine Frage, mit der mir vorher noch nie jemand gekommen war: „Wovon träumst du, was du werden willst?“

Ich mußte darüber nachdenken, aber schließlich brachte ich stotternd die ganzen ehrgeizigen Ziele vor, die ich im Leben erreichen wollte.

„Warum“, fragte er, „gibst du dich mit einem mittelmäßigen Leben zufrieden, wenn du so bewundernswerte Ziele hast?“ Er schob mir das letzte Semesterzeugnis über den Tisch zu, und ich wurde rot. Ein schöner Anblick war das nicht. Ich versuchte, irgendeine Entschuldigung hervorzuwürgen, aber er schnitt mir das Wort ab:

„Du sagst, daß du etwas besonderes anstrebst, aber du bist mit dem Mittelmaß zufrieden.“ Er tippte mit dem Finger auf die entsetzlichen Noten. Was er dann sagte, habe ich nie vergessen:

„Ken, nicht das, wovon ein Mensch träumt, entscheidet über seinen Werdegang. Es ist das, was dieser Mensch Tag für Tag tut.“ Dann kam die notwendige Ermutigung: „Ich glaube, daß du zu allem fähig bist, was du dir erträumst. Fang doch einfach an, so zu leben, als ob *du* auch daran glaubst.“

Mein Abschluß gehörte zu den besten der Klasse.

Was für Träume hast du? Denkst du in den stillen Augenblicken vor dem Einschlafen darüber nach, was das Leben dir bringen wird und was du gern machen würdest? Vielleicht träumst du davon, ein Pilot zu werden, Tänzerin, ein Bundesligaspieler oder Schauspielerin; vielleicht strebst du einen Vorstandsposten an. Vielleicht willst du Kinder haben oder Missionar werden und Gottes Wort den Völkern bringen, die noch nie davon gehört haben.

Tolle Träume. Aber sie werden nur dann wahr, wenn du so zu leben anfängst, als ob diese Träume wichtig genug sind, daß sich die Arbeit daran lohnt. Gott hat jeden von uns mit bemerkenswerten Fähigkeiten geschaffen, aber es liegt an uns, wie wir sie entwickeln und wie klug wir sie einsetzen.

Du kannst mit dieser Arbeit nicht warten, bis dein Traum in greifbarer Nähe ist. Fang jetzt an. Sonst wirst du eines Tages erleben, wie sich deine Träume verflüchtigen.

Es liegt nicht am Inhalt deiner Träume, was aus dir wird. Es hängt davon ab, was du an jedem Tag deines Lebens dafür tust.

Vers des Tages:

Bemühe dich darum, dich vor Gott zu erweisen als einen rechtschaffenen und untadeligen Arbeiter, der das Wort der Wahrheit recht austeilt.
2. Timotheus 2, 15

Hey!

Willst du eine Aufzählung davon, was deinen Träumen zur Verwirklichung verhelfen kann? Lies 2. Petrus 1, 5–9.

Vorschlag:

Wovon träumst du? Überlege dir zwei oder drei Lebensziele, die du erlangen willst. Was müßtest du jetzt tun, um dich auf die Verwirklichung dieser Ziele vorzubereiten, wenn es soweit ist? Vielleicht solltest du mehr für die Schule tun oder dich in guter körperlicher Verfassung halten, dich gesund ernähren oder dich mehr um gute soziale Fähigkeiten bemühen, zum Beispiel Kontakte zu Leuten zu knüpfen und Gespräche zu führen. Wenn dir nicht klar ist, was du jetzt schon tun müßtest, dann überlege, ob du jemanden kennst, der dir dabei helfen könnte. Nimm dir die Zeit, diese Person um ein Gespräch zu bitten.

Nichts wie weg

Beinahe jeder kennt die Geschichte von Jona – wie er weglief, als Gott ihm befahl, nach Ninive zu gehen und den Menschen dort zu predigen; wie die Seeleute ihn bei einem großen Sturm über Bord warfen und wie ein Fisch ihn verschlang, drei Tage lang bei sich behielt und dann als ausgebleichtes und nach Fischkotze stinkendes Etwas aufs Land spuckte.

Wenn du die Geschichte *nicht* kennst, nimm dir ein paar Minuten Zeit und lies sie jetzt gleich durch. Sie steht im Buch Jona, Kapitel 1–4, und ist nicht lang.

Aber neben all den aufregenden und seltsamen Zügen der Geschichte spricht mich am meisten die Begebenheit an, die sich gleich nach dem Anfang abspielt. Als Jona sich entschlossen hatte, vor Gott wegzulaufen, rannte er die Hafendocks entlang, zahlte das Schiffsticket und ließ sich an Bord einer Galeere mit dem Ziel Tarsis bringen. Ein heftiger Sturm kam auf, und die Seeleute hatten Angst, daß das Schiff zerschellen und alle auf See umkommen würden.

Wo war Jona, als alle versuchten, das Schiff zu retten? Er war unter Deck und lag in tiefem Schlaf.

Tiefschlaf? Das soll wohl witzig sein? Der Mann läuft vor dem allmächtigen Gott weg. Er versucht, sich an Gottes Befehl vorbeizumogeln. Er sollte eigentlich in einer Ecke sitzen und vor Angst an den Fingernägeln kauen. Statt dessen schläft er so selig, daß selbst ein heftiger Sturm ihn nicht aufweckt.

Ich finde diese Vorstellung erschreckend. Es gibt viele Gefahren, wenn man vor Gott davonläuft, aber Jona merkt anscheinend nichts davon. Er ignoriert Gott. Und das ist vielleicht die schlimmste aller Gefahren.

In deinem Alter ist die Seele noch formbar. Der Zement deines Wesens hat sich sozusagen noch nicht verfestigt. Aus Statistiken geht hervor, daß die meisten Menschen, die sich klugerweise für immer entschieden haben, Jesus nachzufolgen, das taten, bevor sie achtzehn Jahre alt waren. Später schwindet die Wahrscheinlichkeit rapide, sich für Jesus zu entscheiden. Warum? Weil wir uns in unserem Wesen verfestigt haben. Es ist dann einfacher, Gottes Anfragen an uns zu verschlafen.

Darum sagt uns die Bibel: „Gedenke an deinen Schöpfer in den Tagen deiner Jugend" (Prediger 12, 1).

Hört Gott auf, uns hinterherzugehen, wenn wir ihm den Rücken kehren? Hört er auf, uns zu rufen, uns seine „Message" zuzuflüstern? Nein, er macht weiter. Seine Liebe treibt ihn dazu. Aber je länger man vor ihm wegläuft, desto leichter fällt es, die Schotten dicht zu machen, bis man schließlich sogar während seines Redens die Stirn besitzt, sich in den Schiffsrumpf zu verziehen und mit irgendeiner Art Schlaf zu betäuben.

Und dann hört man ihn nicht mehr – nicht, weil er aufgehört hätte, uns zu lieben oder nicht mehr ruft, sondern weil man sich so abgeschottet hat, daß man ihn nicht mehr hört.

So wie Jona.

Vers des Tages:

Denn das Herz dieses Volkes ist verstockt, und ihre Ohren hören schwer, und ihre Augen sind geschlossen, damit sie nicht etwa mit den Augen sehen und mit den Ohren hören und mit dem Herzen verstehen und sich bekehren, und ich ihnen helfe.
Apostelgeschichte 28, 27

Vorschlag:

Okay, vielleicht bist du nicht Jona und schläfst nicht im Rumpf eines Schiffes, das sich durchs Mittelmeer quält, aber es gibt wahrscheinlich Bereiche in deinem Leben, die du vor Gott versteckst – Dinge, über die er mit dir zu reden versucht. Du willst seine Stimme aber nicht hören (verständlicherweise!). Schreib auf einen Zettel, den niemand außer dir zu sehen braucht, was dir dazu einfällt. Das ist dein „Ninive".
Du läufst in diesen Bereichen vor Gottes Willen davon. Schreib auf den freien Platz dieses Zettels ein Gebet und sage Gott, was du hier zu unternehmen gedenkst.

Hey!

Willst du wissen, warum es gefährlich ist, Gott zu ignorieren? Finde heraus, was in Hebräer 3, 7–19 dazu steht.

Tot ist tot, oder?

Man kann von einer Menge Krankheiten gesunden. Man kann sich von Mumps erholen. Man kann eine Grippe loswerden, eine Hirnhautentzündung, die Masern – man kann sogar in vielen Fällen von einer Krebserkrankung genesen. Aber man hört nicht gerade oft jemanden sagen: „Ja, am Freitag bin ich gestorben – aber heute fühle ich mich schon viel besser."

Der Tod ist die eine Sache, von der man sich nicht erholt. Der Tod ist etwas Endgültiges.

Darum ist es so überraschend, wenn im Johannesevangelium, Kapitel 11, Jesus von seinem Freund Lazarus sagt: „Diese Krankheit ist nicht zum Tode ... Lazarus, unser Freund, schläft, aber ich gehe hin, ihn aufzuwecken" (Verse 4 und 11).

Lazarus schläft nicht. Er ist tot! Und Jesus weiß, daß er tot ist, weil er es drei Verse weiter ausspricht. Warum also sagt er, daß sein Freund nur schläft? Weil er ihn tatsächlich aufwecken wird – von den Toten.

Anders, als wir denken, ist der Tod nicht das Ende, und Jesus wußte das. Er wollte diese Wahrheit seinen Jüngern und Nachfolgern auf eine Art demonstrieren, die sie nie vergessen würden (um von meiner Wenigkeit zu reden: wenn ich sehen würde, wie jemand von den Toten aufersteht, würde ich es bestimmt niemals vergessen!) – und er wollte ihnen klarmachen, daß er sogar über den Tod Macht hat.

„Diese Krankheit ist nicht zum Tode", sagte er.

Wir leiden alle unter zahlreichen Problemen, die uns sehr schwerwiegend vorkommen. Viele sind es auch. Für manche von uns sind es Probleme mit dem Freund oder der Freundin. Oder Probleme mit der Schule, oder mit Geld. Manchmal deprimiert uns das – wir sind zu Tode betrübt. Andere fragen sich, ob ihre Eltern wenigstens so lange zusammenbleiben, bis sie mit der Schule fertig sind. Wieder andere haben wegen früherer Entscheidungen jetzt an den Folgen zu knabbern. Manche müssen sich wegen einer schweren Krankheit behandeln lassen. Und andere haben sogar noch größere Probleme.

Oft befällt uns so große Mutlosigkeit, daß wir glauben, selbst Gott könnte gegen diese Probleme nichts ausrichten. So ernst kann unsere Lage sein.

Moment mal – Gott kann *nichts* gegen unsere Probleme tun? Der Gott, der das Universum schuf, ganz davon zu schweigen, daß er Lazarus und dann Jesus von den Toten auferstehen ließ? Das ist es, was ich an dieser Bibelstelle so liebe – sie erinnert mich daran, daß Lazarus – egal, wie groß unsere Probleme sind – ein noch größeres hatte. Man kann sagen, daß er an einer ziemlich üblen Sache litt. Er war *tot*! Tatsächlich war er schon vier Tage tot gewesen! Und Jesus erweckte ihn wieder.

Gott hat nie versprochen, jede Krankheit zu heilen oder alle Schmerzen zu beseitigen. Er hat aber sehr wohl versprochen, uns bei der Bewältigung selbst der härtesten Probleme zu helfen. Die meisten von uns glauben, der Tod sei das Schlimmste, was uns zustoßen könnte – aber Jesus hat durch seinen Tod und die Auferstehung selbst den Tod besiegt.

Wenn du das nächste Mal das Gefühl hast, er sei nicht mächtig genug, dir bei deinen Problemen zu helfen, denk einfach an Lazarus. Selbst der Tod endet nicht im Tod. Und der eine, der den Tod besiegte, kann heute auch dir helfen.

Vers des Tages:

Der Tod ist verschlungen vom Sieg. Tod, wo ist dein Sieg? Tod, wo ist dein Stachel?... Gott aber sei Dank, der uns den Sieg gibt durch unsern Herrn Jesus Christus.
1. Korinther 15, 54–55.57

Vorschlag:

Was würdest du in deinem Leben anders machen, wenn du *wirklich, ganz wirklich* glauben würdest, daß Jesus so mächtig ist, wie es in der Bibel steht? Mach dir eine Liste davon. Und dann schreib eine andere Liste – mit den Gründen dafür, warum du das, was auf der ersten Liste steht, nicht tust. Sind die Gründe auf der Liste größer als ein Gott, der den Tod überwinden kann?
Jetzt fang an zu *leben*, wie es deinem Glauben daran entspricht.

Hey!

Ist Jesus wirklich mächtig genug, all das zu tun und alle seine Versprechen zu halten? Lies Epheser 1, 18–23.

Tierquälereien der Bibel

Wir sind es nicht gewöhnt, in Jesu Worten nach Humor zu forschen, aber hin und wieder hat er tatsächlich einen guten Witz gemacht.

Einmal kam ein reicher junger Mann, um mit Jesus zu reden; man kann die Begebenheit in Matthäus 19, 16–26 nachlesen. Zuerst fragte er Jesus, was er tun müsse, um sich das ewige Leben zu verdienen, und Jesus sagte ihm, er solle alle Gebote halten.

„Hab' ich gemacht", sagte der junge Mann.

„Dann geh hin und verkaufe alles, was du hast", antwortete Jesus, „und gib das Geld den Armen. Dann komm und folge mir nach."

Aber der Mann brachte es nicht über sich, so zu handeln, weil er zu sehr an seinem Reichtum hing. Als er also fortging, wandte Jesus sich an seine Jünger und sagte: „Es ist leichter, daß ein Kamel durch ein Nadelöhr gehe, als daß ein Reicher ins Reich Gottes komme" (Matthäus 19, 24).

Komische Bemerkung! Mir kommen unglaubliche Bilder in den Sinn, wenn ich diesen Vers lese. Ich meine, wie soll man ein Kamel durch die Öse in einer typischen Nähnadel kriegen? Ob man wohl mit dem Schwanz anfängt, an der Quaste leckt und sie verdreht, um eine feine Spitze daraus zu machen? Ob man dann mit aller Kraft ziehen muß, damit der Rest auch noch durchgeht?

Und wenn man das Kamel tatsächlich durch das kleine Öhr gezogen hat: wie wird es danach wohl aussehen?

Ob du's glaubst oder nicht, es gibt Bibelgelehrte, die darüber diskutieren, wie man das Kamel möglicherweise doch durch ein Nadelöhr bekommt. Sie argumentieren, es habe in der Jerusalemer Stadtmauer ein winziges Tor gegeben, das vielleicht Nadelöhr genannt wurde, weil man nur mühselig hindurch kam. Vielleicht konnte man das Kamel *doch* durch das Tor zerren, wenn man ihm den Sattel abnahm, es auf die Knie zwang und dann…

Vielleicht haben sie auch nur den Knackpunkt übersehen. Jesus wollte möglicherweise den Jüngern bloß begreiflich machen, daß

ICH WUSSTE, DASS FRÜHER ODER SPÄTER IRGENDEIN IDIOT SEHEN WILL, WIE SCHWER ES IST, EINEN REICHEN IN DEN HIMMEL ZU KRIEGEN
RAND KRUBACK

ein Reicher so schwer den Weg zum Himmel findet, daß es fast unmöglich schien – fast so, als wolle man ein Kamel durch ein Nadelöhr zerren. Heutzutage würden wir vielleicht sagen: „Es ist schwerer, einen Regenwurm durch einen Strohhalm zu schieben."

Die Jünger kannten Jesus gut genug, um die Pointe zu verstehen. Sie wußten, daß er von etwas ziemlich Unmöglichem redete. Als sie aufgehört hatten zu lachen (Ken-Davis-Übersetzung der Bibel), sagten sie: „Wer kann da noch gerettet werden?" (Matthäus 19, 25)

Die Antwort Jesu finde ich gut: „Bei den Menschen ist's unmöglich; aber bei Gott sind alle Dinge möglich" (Matthäus 19, 26).

Ist das nicht stark? Egal, wie weit jemand von Gott entfernt ist, wie ungern er das aufgibt, was zwischen ihm und Gott steht: Gottes Liebe kann immer noch zu diesem Menschen durchdringen. Vielleicht ist es auch bei dir das Geld, das zwischen dir und Gott steht. Vielleicht sind es irgendwelche Süchte (nach Drogen, aber auch nach Sachen wie Anerkennung, Klamotten oder Fernsehen) oder ein schwaches Selbstbewußtsein, Verärgerung, Stolz oder Gier. Was es auch ist, Gott kann es überwinden. Du bist vielleicht nicht dazu in der Lage, Gott aber doch.

Bei Gott sind alle Dinge möglich.

Aber ich warte immer noch auf den Schnappschuß vom Kamel, nachdem es gerade durch ein Nadelöhr gezwängt wurde – lang, dünn und ziemlich fertig.

Vers des Tages:

Jesus aber sah sie an und sprach zu ihnen: „Bei den Menschen ist's unmöglich, aber bei Gott sind alle Dinge möglich."

Matthäus 19, 26

Vorschlag:

Was drängt sich am häufigsten zwischen dich und Gott? Eine Beziehung? Sachen, die dir gehören? Deine Liebe zum Geld, zum Erfolg oder sonst etwas?
Gott kann auch das überwinden – aber nicht, wenn du einfach traurig von ihm weggehst, wie der reiche junge Mann in der Geschichte. Du mußt es ihm schon anvertrauen.
Schreib ein Gebet auf, in dem du Gott diesen Bereich deines Lebens bringst, der anscheinend zwischen dir und ihm steht. Bitte ihn, dir zu helfen, diese Dinge beiseite zu räumen. Dann sprich das Gebet, das du aufgeschrieben hast.
Behalte den Zettel, damit du dich später daran erinnerst, worum du Gott gebeten hast.

Hey!

Lies Lukas 12, 15–21. Laß dich nicht zum Narren halten!

Schein und Sein

Wenn ich zu Vorträgen unterwegs bin, werde ich immer nur gelobt.

„Ken, du bist so witzig!“

„Ken, du hast mir wirklich geholfen. Mein Leben hat sich total verändert.“

„Ken, wir haben schon eine Menge Redner gehört, aber noch nie hat uns einer so gefesselt oder zum Lachen gebracht.“

Auch in der Presse bekomme ich tolle Kritiken. „Tolle Unterhaltung!“ „Sehr witzige Rede!“ Und genau da tauchen die Probleme auf: Ich fange an, meinen eigenen Zeitungsausschnitten zu glauben. *Hey, ich bin ganz schön toll!*

Dann komme ich nach Hause. Nach ein paar Tagen mit Menschen, die mich nur von meiner Schokoladenseite erlebt haben, bin ich plötzlich mit Leuten zusammen, die auch den Rest von mir kennen. Denen es nichts ausmacht, mich darauf anzusprechen. Sowohl meine Frau als auch die Kinder. Manchmal reicht es, um mich wieder zurückzuwünschen!

Aber das ist schon in Ordnung. Ich weiß ja, daß es nicht reicht, ein toller Typ vor Menschen zu sein, die man gerade kennengelernt hat und wahrscheinlich nie wieder sehen wird. Ich muß auch zu Hause als Christ leben. Und wenn Jesus zu Hause bei mir nichts zu sagen hat, dann hat er es nirgends.

Nach Hause zu kommen ist für mich also der Prüfstein. Wie steht es mit meiner ach so tollen „Christlichkeit“? Meine Familie hat keine Angst, es mir zu sagen. Auch wenn ich nicht gern höre, was sie sagen, *will ich*, daß sie es sagen.

Ob du der Leiter deiner Jugendgruppe bist, spielt keine Rolle; auch nicht, ob du ein ergreifendes Zeugnis geben kannst, das allen die Tränen in die Augen treibt – wenn dein Christsein zu Hause nicht funktioniert, ist es auch sonst wirkungslos.

Als ich Teenager war, war ich die meiste Zeit nicht sehr glücklich über unser Familienleben. Aber während der ganzen Jahre, die ich bei uns zu Hause verlebte, dachte ich keine fünf Minuten darüber nach, was ich tun könnte, um den anderen Mitgliedern in dieser Familie das Leben zu verschönern. Mein Christsein war nutzlos. Vielleicht sollte ich lieber sagen: Ich lebte mein Christsein nicht aus. Und daran war nicht Gott schuld.

Lebst du dein Christsein aus? Lebst du es zu Hause aus?

Vers des Tages:

Wenn jemand spricht: Ich liebe Gott, und haßt seinen Bruder, der ist ein Lügner. Denn wer seinen Bruder nicht liebt, den er sieht, wie kann er Gott lieben, den er nicht sieht?

1. Johannes 4, 20

Hey!

Wenn du glaubst, daß du zu Hause Streß hast, solltest du von einem lesen, bei dem es wirklich herb zuging – in 1. Mose 37–45 und 50, 15–21.

Vorschlag:

Wenn du etwas an deinen – zugegebenermaßen manchmal nicht so „prallen“ – häuslichen Gewohnheiten ändern willst, brauchst du einen Plan. Schreib deine Planung in vier Spalten auf: Was anders werden muß; welche Auswirkungen du dir von diesen Veränderungen erhoffst; wie du den Wandel schaffen willst; und schließlich einen Termin, bis wann du diese Veränderungen vollständig geschafft haben willst. (Das Datum ist wichtig, weil diese Veränderungen meistens nicht über Nacht einsetzen. „Habits die hard“ heißt das im englischen – Gewohnheiten sterben langsam.)
Wenn du diese Liste geschrieben hast, bitte Gott um die Kraft, diesen Wandel zu bewirken – um die Kraft, deinen Glauben zu Hause wirklich zu leben.
Noch ein paar Ideen gefällig? Lies das Buch *Wie lebe ich mit meinen Eltern, ohne durchzudrehen* von Ken Davis, auch bei Schulte & Gerth erschienen.

Viel Lärm um nichts

Vor ein paar Jahren probierte ich ein Experiment mit etwa hundert Studenten in einem Hörsaal aus. In der ersten Phase dieses dreiteiligen Experimentes brachten wir einen Freiwilligen aus dem Hörsaal in einen anderen Raum, wo er eine Augenbinde verpaßt bekam und erfuhr, daß er alles tun könne, was er wolle, wenn er zurückkam. Inzwischen wurden die übrigen Studenten aufgefordert, sich jeder für sich eine einfache Aufgabe auszudenken – *irgendeine* einfache Aufgabe –, die der Freiwillige im Hörsaal ausführen sollte, und ihm die Anweisungen zuzurufen, sobald er in den Saal zurückkam.

Ein Student aber bekam ganz spezielle Anweisungen. Er sollte dem Freiwilligen mit der Augenbinde zurufen, er solle zum Podium gehen und einen Professor umarmen, der dort wartete. Und diese Anweisungen sollte er so dringend rufen, als ginge es dabei um Leben oder Tod. Wir nannten seine Botschaft „lebenswichtige Nachricht".

Was dann passierte, hätte man sich denken können. Als der Freiwillige in den Hörsaal geführt wurde, brach ein ohrenbetäubendes Geschrei los. Keine einzige Stimme oder Nachricht war herauszuhören; die lebenswichtige Nachricht ging im Lärm verloren. Der Student mit der Augenbinde blieb eine Weile verwirrt und unentschlossen stehen und fing dann an, planlos hin- und herzugehen, weil er versuchen wollte, eine deutliche und unmißverständliche Stimme in der Menge zu vernehmen.

Wir schickten den Freiwilligen aus dem Saal und gaben die Anweisungen für Phase zwei. In dieser Phase wurde dem Studenten mit der lebenswichtigen Nachricht erlaubt, seinen Platz zu verlassen. Ein anderer Student aber bekam eine Gegenaufgabe: er sollte den Freiwilligen überzeugen, *nicht* nach hinten zu gehen und den Professor zu umarmen. Diesen beiden Studenten wurde erzählt, daß sie sich so nahe zu dem Freiwilligen stellen könnten, wie sie wollten, ohne ihn zu berühren, um ihre einander widerstreitenden Botschaften loszuwerden.

Der Freiwillige wurde in den Saal zurückgebracht, und wieder fing das Geschrei an. Diesmal gab es außer dem allgemeinen Gebrüll zwei nähere, lautere Stimmen – mit zwei gegensätzlichen Aussagen. Der Student mit der Augenbinde wollte mal der einen, dann der anderen Stimme gehorchen. Er taumelte auf das Podium zu und dann wieder zurück, von der anderen Stimme überredet. Dann drehte er sich um und ging auf die Wand zu, einen Augenblick später aber kam er wieder zurück.

Wir schickten ihn wieder aus dem Saal und gaben Anweisungen für Phase drei. Die Situation war die gleiche wie in Phase zwei – *außer, daß diesmal der Student mit der lebenswichtigen Nachricht den Freiwilligen berühren durfte.* Es war ihm zwar nicht erlaubt, ihn zu zerren, zu schieben oder irgendwie in die Richtung zu zwingen, aber berühren durfte er ihn.

Der Freiwillige wurde zurückgeholt, und wieder fing das ohrenbetäubende Geschrei an. Die beiden Boten kamen angerannt und riefen ihm ihre widersprüchlichen Aussagen zu. Dann legte der eine mit der wichtigen Botschaft dem Freiwilligen seinen Arm sanft um die Schultern und beugte sich direkt an sein Ohr. Fast ohne zu zögern gehorchte der Freiwillige seiner Anweisung. Hin und wieder blieb er stehen und hörte zu, was der andere ihm wie verrückt zuschrie. Aber jedesmal brachte ihn die leichte Berührung des einen mit der wichtigen Botschaft auf den Weg.

Dann passierte etwas Unerwartetes. Als der Student mit der Augenbinde seinem Ziel näher kam, schlossen sich plötzlich alle anderen im Hörsaal, die bis dahin alle ihre eigene Botschaft gerufen hatten, zu einer einstimmigen Forderung zusammen, um den Freiwilligen von den letzten Schritten abzuhalten! „Geh nicht! Geh nicht! Geh nicht!" riefen sie in immer lauteren Sprechchören.

Doch der Arm des Boten ließ die Schulter des Freiwilligen nicht mehr los, und als sie die Stufen am Ende des Hörsaals bestiegen hatten, beugte sich der Bote vor, um seine letzte Anweisung zu flüstern. Der Freiwillige zögerte ein bißchen, und dann schlang er seine Arme um den wartenden Professor. Die Versammelten klatschten stürmisch Beifall. Und, was mich kaum überraschte – es hatte sich immerhin um eine Übung zum Gefühlsleben gehandelt –, man sah so manches feuchte Auge im Saal.

Als der Freiwillige später gefragt wurde, warum er dem einen mit der lebenswichtigen Nachricht gehorcht hatte, dem, der ihn berührt hatte, antwortete er: „Weil ich das Gefühl hatte, daß ich ihm wirklich wichtig war."

Ich vergesse dieses Experiment niemals. Es ist ein ungeheuer klares Beispiel dafür, wie man das Verhalten und sogar den Glauben der Menschen beeinflussen kann, wenn sie sich in Gefahr begeben. Es reicht nicht aus, von der Seite oder vom eigenen sicheren Platz aus zu rufen; wir schaffen es auch nicht mit wahnsinnigem Gebrüll direkt ins Ohr; selbst der vereinte Stimmenchor hilft nicht weiter. Es geht nur, wenn wir uns dem Menschen an die Seite stellen und durch unser Leben zeigen, daß er uns wichtig ist und wir uns um ihn kümmern. Dann reicht es auch, wenn wir flüstern. Es geht nicht um verführerische Argumente, sondern um unsere persönliche Berührung.

Vers des Tages:

„Ein neues Gebot gebe ich euch, daß ihr euch untereinander liebt, wie ich euch geliebt habe, damit auch ihr einander liebhabt."
Johannes 13, 34

Hey!

Hier ist noch ein Beispiel für liebevolle Anteilnahme und dafür, wie man Liebe durch Taten beweisen kann: Lukas 10, 25–37.

Vorschlag:

Es ist noch nicht lange her, als ich neben einem Mädchen saß, das vor Sorge um ihre Schwester weinte, weil diese immer rebellischer, abgefahrener und hemmungsloser wurde. „Wie kann ich ihr nur helfen?" fragte sie.
Sie hatte es mit den schlagendsten Argumenten probiert. Sie hatte sogar versucht, ihre Schwester bloßzustellen. Nichts hatte geholfen. Und jetzt war sie kurz davor aufzugeben.

Hast du auch Freunde und machst dir Sorgen um sie? Liegt dir jemand am Herzen, und du möchtest, daß er an Gott glaubt? Lies die heutige Geschichte noch einmal durch und schreibe ein paar Gedanken auf, wie du eine Veränderung bei diesem Menschen schaffen könntest. (Hinweis: Was hat Gott gemacht, als er versuchte, uns zu erreichen? Hat er gepredigt? Gebrüllt? Hat er irgendwann aufgegeben? Mit welcher Tat hat es es schließlich geschafft?)

Glaubst du, daß Gott schon mal Grund genug hatte, dich aufzugeben? Warum hat er es nicht getan? Warum wird er dich auch in Zukunft nicht aufgeben? Lies die Verse von heute noch einmal und überlege dir, wie du deinem Freund oder deiner Freundin zeigen kannst, daß er oder sie dir am Herzen liegt.

Nebenbei – ich sagte dem Mädchen, das sich Sorgen um ihre Schwester gemacht hatte, sie solle sie einfach *lieben*. „Mehr kann ich nicht tun?" fragte sie.

„Mehr geht nicht", sagte ich. „Es ist das Beste, was du tun kannst."

Die Macht der Gewohnheit

Mein Vater ist im 2. Weltkrieg Kriegsgefangener gewesen und hat dreieinhalb Jahre lang am Rande des Verhungerns gelebt. Wenn er nicht schlief, ging seine ganze Zeit dafür drauf, Essen zu suchen und zu sammeln. Er bunkerte verdorbenen Reis und selbst Insekten – um später, wenn der Hunger sich nicht mehr unterdrücken ließ, etwas zu essen zu haben.

Als sein Gefangenenlager befreit wurde, warfen die Retter zuerst mal aus Flugzeugen Fässer mit Nahrungsmitteln ab. Eins dieser Fässer fiel meinem Vater direkt vor die Füße und zerplatzte – Hunderte von Schokoriegeln lagen vor den hungernden Gefangenen auf dem Boden verstreut. Überraschenderweise aßen nur wenige sofort etwas davon. Vielmehr sammelten sie so viel, wie sie konnten, und stopften sie „für später" in ihre zerlumpten Klamotten. Die Männer wußten alle, daß der Krieg vorbei war und daß bereits Hilfe nahte, und doch konnten sie nicht die in den Jahren der Gefangenschaft entwickelte Gewohnheit lassen, alles zu sammeln.

Was will uns diese Geschichte sagen? Wie schön es wäre, wenn ein Flugzeug einen Karton Schokoriegel direkt vor dir abwerfen würde, damit du dir alle Taschen vollstopfen kannst? Nicht ganz. Es geht darum, daß es sehr schwer ist, Gewohnheiten abzulegen, wenn man sie erst einmal hat – selbst dann, wenn sie völlig sinnlos geworden sind. Sogar dann, wenn wir uns selbst damit schaden.

Wir haben alle unsere Gewohnheiten. Auch solche, die nicht unbedingt schädlich sind, zum Beispiel die gewohnten Cornflakes zum Frühstück oder das Ritual, nach dem man sich am Morgen zurechtmacht. Dann gibt es Gewohnheiten, die nicht unbedingt gräßlich, aber recht schädlich sind, zum Beispiel Faulheit beim Lernen. Dann gibt es richtig schlimme Dinger wie Drogenmißbrauch oder zu viel Essen (ja, Freunde, das ist eine Sünde) oder die Leute um uns herum schlecht zu behandeln.

Alle diese Gewohnheiten lassen sich schwer loswerden, weil

wir Menschen tatsächlich Gewohnheitstiere sind. Aber wenn uns oder unseren Mitmenschen etwas schadet, müssen wir damit aufhören.

Je länger man aber damit wartet, desto schwieriger wird es.

Vers des Tages:

So laßt nun die Sünde nicht herrschen in eurem sterblichen Leibe, und leistet seinen Begierden keinen Gehorsam. Auch gebt nicht der Sünde eure Glieder hin als Waffen der Ungerechtigkeit, sondern gebt euch selbst Gott hin.

Römer 6, 12.13

Hey!

Willst du einen guten Grund erfahren, warum man schlechte Gewohnheiten lassen sollte? Lies Hebräer 12, 1–3.

Vorschlag:

Wenn du Hebräer 12, 1–3 gelesen hast, hast du herausgefunden, welche entscheidenden Schritte zum „Rennen“ gehören, das Gott uns zugedacht hat – mit anderen Worten, wie wir es schaffen, als wirkliche Christen zu leben. Dazu gehört, alles abzulegen, „was uns beschwert, und die Sünde, die uns ständig umstrickt“. Schlechte Gewohnheiten sind mit Sicherheit etwas, das uns behindert und beschwert.

Was ist mit dir? Hast du mit destruktiven Gewohnheiten zu tun, mit gewohnheitsmäßiger Sünde? Sei ehrlich. Wenn die Antwort „ja“ heißt, dann rede darüber mit jemandem, dem du vertraust. Gib diesen schlechten Gewohnheiten nicht nach, gib nicht auf! Mit Gottes Hilfe und vielleicht der Unterstützung eines Seelsorgers kannst du schlechte Gewohnheiten bleiben lassen und lernen, wie man ohne sie lebt.

„Hier stinkt's"

Eines Sonntagmorgens, als meine Tochter Taryn noch klein war, saßen wir in der Kirche. Alles schaute natürlich nach vorn, wie man das in der Kirche eben so macht – alle außer Taryn, die auf der Kirchenbank stand und nach hinten sah. Sie grinste die Leute hinter uns an und erzählte, was sie sah. In einem stillen Augenblick, während des Betens, flüsterte sie (laut genug, daß die ganze Kirche es hören konnte): „Da hat eine Frau die Augen nicht zugemacht!" Überall konnte ich unterdrücktes Gelächter hören.

Als das Gebet beendet war, wendete Taryn sich an die Dame neben ihr und fragte: „Weißt du was?"

Schön, ich mache eine kurze Unterbrechung, damit ich etwas erzählen kann: Wenn man Kinder hat und sich mit diesen Kindern in die Öffentlichkeit wagt, und eins davon zu einem Fremden sagt: „Weißt du was?" – dann muß man diesem Kind schnell den Mund stopfen. Egal wie – die Hand auf den Mund legen, einen Korken hineinstecken –, es darf auf keinen Fall sagen, „was".

Noch einmal hörte die ganze Kirche mein Kind fragen: „Weißt du was?" Ich griff nach Taryn, aber nicht rechtzeitig. Sie sagte also zu der Dame: „Weißt du was? Du riechst überhaupt nicht gut."

Jetzt steckte ich in Schwierigkeiten. Die Dame war logischerweise beleidigt. Die restliche Gemeinde wälzte sich vor Lachen auf dem Boden, weil alle fanden, daß Taryns Feststellung stimmte!

„So was sagt man nicht", flüsterte ich heiser und zerrte Taryn auf meinen Schoß.

„Aber es ist doch wahr", rief sie zurück.

„Dann behalt die Wahrheit für dich", flüsterte ich zwischen zusammengebissenen Zähnen.

„Soll ich etwa lügen?"

Ich kann es heute noch hören, wie sie dann sagte: „Weißt du was? Du riechst wie eine Vase mit Rosen. *Verwelkte* Rosen. Rosen, die *schon lange* verwelkt sind."

Kleine Kinder lügen schon mal, um zu bekommen, was sie gern möchten oder um sich vor dem Zorn der Eltern zu schützen. Das

HIER STINKT'S!
NEUES LEBEN
BIBEL
RAND KRUBACK

wissen wir alle. Aber davon abgesehen sagen sie einem meist auch dann die Wahrheit, wenn sie unangenehm ist.

Damit will ich nicht sagen, daß man seinen Kindern beibringen sollte, sich als Geruchspolizei zu betätigen und alle Stinker der Welt namentlich zu benennen. Tatsache aber ist, daß die Wahrheit manchmal wehtut. Wenn du als Christ wachsen willst, mußt du offen dafür sein, daß Gott (manchmal durch andere) Bereiche in deinem Leben aufdeckt, die vielleicht nicht gut riechen (oder sogar zum Himmel stinken), so daß er dir dann auch die Kraft geben kann, dich zu ändern.

Ich weiß, daß das hart klingt, aber keine Sorge: Es ist noch viel härter, als es sich anhört! Trotzdem, denk dran: Wenn du erst einmal die Bereiche in deinem Leben ermittelt hast, wo es wirklich stinkt, kann Gott Abhilfe schaffen. Und das wirst du niemals bereuen.

Vers des Tages:

Erforsche mich, Gott, und erkenne mein Herz; prüfe mich und erkenne, wie ich's meine. Und sieh, ob ich auf bösem Wege bin, und leite mich auf ewigem Wege.
Psalm 139, 23.24

Vorschlag:

Lies den Vers von heute noch einmal als Gebet – als ehrliches Gebet. Dann stell fest, wie Gott dieses Gebet erhört. Wenn du etwas an dir bemerkst, das dir nicht gefällt, kann die Wahrheit im Augenblick wehtun. Aber letzten Endes wirst du dich selbst viel besser riechen können.

Hey!

Psalm 51, 1–15 ist noch ein Text, in dem es um die Reinigung durch Gott geht.

Gurtpflicht fürs Herz

Zu meinen Lieblingsgeschichten gehört die von einem kleinen Mädchen, das sich im Flugzeug danebenbenahm. Es rannte im Gang auf und ab und ärgerte die Passagiere. Ein paarmal lief die genervte Mutter ihrer Tochter hinterher und brachte sie auf den Platz zurück, aber nur wenig später machte die Kleine sich wieder aus dem Staub und trieb Unsinn. Endlich brachte die Stewardeß sie zur Mutter, weil sie einen gestreßten Geschäftsreisenden geärgert hatte.

„Sie müssen darauf achten, daß ihre Tochter auf dem Platz bleibt", verlangte sie. Die Mutter schubste das kleine Mädchen auf den Sitz, zog den Sicherheitsgurt stramm und zischte mit zusammengebissenen Zähnen: „Du bleibst jetzt sitzen!"

Das kleine Mädchen gehorchte, verschränkte die Arme und lächelte schelmisch.

„Was grinst du denn so?" fuhr die ärgerliche Mutter sie an.

Die Kleine feixte. „Weil ich vielleicht äußerlich sitze, aber innerlich renne ich immer noch rum."

Der Sicherheitsgurt konnte nur den Körper festhalten; das Herz der Kleinen blieb frei.

Wie wahr – und ich wette, mit dieser Wahrheit kannst du etwas anfangen. Warst du schon mal in einer Situation, wo du gezwungen wurdest, stillzuhalten, obwohl du innerlich stinksauer warst oder rebellisch? Vielleicht noch schlimmer: Hat es irgendwann einmal *keinen* Sicherheitsgurt gegeben – nichts, das dich halten konnte, niemand, der wußte, ob du dich benimmst oder nicht?

In diesen Situationen sind es nicht die Regeln, die uns binden. Hier gilt nur unser Herz. Wenn niemand da ist, der uns Regeln aufzwingt, können sie nur dann eine Rolle spielen, wenn du sie dir zu eigen gemacht hast, wenn sie von Herzen kommen. Manchmal werden Regeln, die von den Eltern gemacht werden, dann nicht eingehalten, wenn die Eltern nicht da sind und du meinst, sie würden es nicht merken. Das gleiche gilt für die Verhaltensregeln deiner Kirche. Aber was von Herzen kommt, was du dir angeeignet und eingesehen hast – das wird selten gebrochen.

Von außen, also von deinen Eltern, der Kirche oder andern aufgestülptes Verhalten funktioniert nach dem Prinzip: „Ich darf nicht, sonst bekomme ich Ärger."

Die Regeln des Herzens funktionieren anders: „Ich will nicht."

Nach welchen Regeln richtest du dich?

Vers des Tages:

Aber Daniel nahm sich in seinem Herzen vor, daß er sich mit des Königs Speise und mit seinem Wein nicht unrein machen wollte, und bat den obersten Kämmerer, daß er sich nicht unrein machen müßte.

Daniel 1, 8

Hey!

Lies die Geschichte von Daniel und der königlichen Speise und seinem Wein in Daniel 1 nach.

Vorschlag:

Wenn du Daniel 1 noch nicht gelesen hast, fragst du dich wahrscheinlich, was der Vers von heute, Daniel 1, 8, mit Sicherheitsgurten und Regeln des Herzens zu tun hat. Lies dir das Kapitel also am besten erst einmal durch.

Verstehst du jetzt? Daniel hat die königliche Speise nicht deshalb abgelehnt, weil ein paar führende Geistliche ein Gesetz aufgestellt haben oder seine Mutter ihm verboten hatte, davon zu essen. Er war von sich aus entschlossen, seinen Körper nicht damit zu verunreinigen, auch wenn es ihn leicht den Kopf kosten konnte, königliche Befehle zu mißachten. Er blieb in dieser Sache fest. Er folgte seinen eigenen Regeln des Herzens.

Schreib dir ein paar von deinen Lebensregeln auf. Welche davon kommen wirklich „von Herzen"? Welche sind nur „Sicherheitsgurte"? Du mußt dir sicher sein, daß die wirklich wichtigen von Herzen kommen und du sie auch in schwierigen Situationen einhältst – auch dann, wenn niemand dir auf die Finger schaut.

Kirchen-Phobie

Eine Mutter, die ich einmal kennenlernte, war von der Ankündigung ihres siebenjährigen Sohnes schockiert: „Ich komme nie mehr zur Gemeinde mit. Überhaupt nicht mehr."

Er mußte sich daraufhin einen langen, unduldsamen Vortrag von ihr anhören, wie wichtig der Kirchenbesuch sei. Endlich unterbrach sie sich und fragte den Kleinen, warum er denn nicht mehr mitkommen wolle.

„Ist blöd", erwiderte er.

Mühsam hielt sie sich zurück und schimpfte ihn nicht wegen dieser „Ungezogenheit" aus. Statt dessen fragte sie ihn: „Warum findest du es blöd?"

Die Antwort verblüffte sie: „Wegen den Taschentüchern." Jeden Sonntag, erklärte er dann, prüfte die Sonntagsschullehrerin nach, ob die Kinder „gute Staatsbürger" seien. Fingernägel und Ohren wurden auf Sauberkeit inspiziert, die Kinder wurden gefragt, ob sie sich die Zähne geputzt hatten, und jeder mußte ein sauberes Taschentuch vorweisen. Unser Kleiner hatte keins und schämte sich, seine Eltern um eins zu bitten. Jeden Sonntag bekamen die Kinder mit bestandener „Prüfung" ein Sternchen, das sie auf eine Papierkrone kleben konnten. Das war die Belohnung für „gute Staatsbürger". Die Krone unseres Kleinen war leer.

Er hatte recht – das war Blödsinn! Sonntag für Sonntag wurde er unnötigerweise bloßgestellt, trotz der sicherlich guten Absichten der Lehrerin.

Carsons kluge Mutter steckte ihm ein strahlend weißes Taschentuch mit Initialen in der Ecke ein und machte ihm klar, daß er ein guter Staatsbürger war, ob er ein Tuch in der Tasche hatte oder nicht. Dann gab sie der Lehrerin taktvoll zu verstehen, welche emotionalen Konsequenzen diese kleine Übung nach sich gezogen hatte. Inzwischen geht unser Kleiner wieder ganz gern in die Gemeinde.

Und du? Vielleicht unterscheiden sich deine Gründe, warum du nicht gern zur Kirche gehst, letzten Endes nicht sehr von dem mit dem Taschentuch. Nicht, daß bei euch jemand auf Trauerränder an den Fingernägeln, Ohrenschmalz oder schmutzige Taschentücher achtet (Würg!). Vielleicht hatte aber früher mal ein Sonntagsschullehrer, Vater, Mutter oder der Pastor weniger Interesse an dir als an deiner Kleidung, deinem Benehmen oder deinem Wortschatz. Das kann einem das Gefühl geben, ungeliebt und nicht willkommen zu sein.

Und jetzt stößt dir die Sache bitter auf, und du willst überhaupt nicht mehr zur Gemeinde gehören. Kommt dir einfach blöd vor.

Aber denk dran: Die Kirche ist *Gottes* Haus. Er lädt uns jede Woche ein, Zeit mit ihm zu verbringen, und es wäre ein Fehler, wenn wir uns von jemand anders abschrecken lassen würden. Natürlich ist man schnell versucht zu sagen: *Ich geh nicht mehr zur Kirche – sind doch alles bloß Heuchler da. Ich kann auch zu Hause bleiben und da meine Bibel lesen und beten.* Zu Hause beten und die Bibel lesen ist natürlich völlig in Ordnung, aber der Vers des Tages zeigt, daß das auf die Dauer nicht reicht.

Laß nicht zu, daß die Fehler anderer Leute zwischen dir und Gott stehen.

Vers des Tages:

Laßt uns nicht unsere Versammlungen verlassen,
wie einige zu tun pflegen, sondern einander ermahnen.
Hebräer 10, 25

Vorschlag:

Nimm dir heute ein paar Minuten Zeit, über unangenehme Erinnerungen an die Gemeinde nachzudenken: ein ätzend strenger Lehrer oder Pastor, gähnende Langeweile, für dumm verkauft werden – alles, was dir Bauchschmerzen macht, wenn du an die Gemeinde denkst. Wenn dir ein paar Begebenheiten eingefallen sind, rede mit einem Freund, mit deinen

Hey!

Willst du wissen, wie e[s] in den ersten Kirchen aussah? Lies Apostelgeschichte 2, 42–47 und stelle fest, warum so viele Menschen dazukamen.

Eltern oder mit dem Jugendpastor darüber – manchmal hilft es schon, wenn man schlechte Erfahrungen einfach jemandem erzählt! Bei deinem nächsten Besuch in der Kirche könntest du folgendes machen:

1. Bitte Gott, dir dort eine besondere Herausforderung zu bieten.
2. Suche dir jemanden aus, zu dem du Kontakt aufnimmst – einen neuen Besucher, damit er sich willkommen fühlt, alte Freunde, die du wieder mal begrüßen könntest, irgend jemand, der sich dadurch vielleicht mehr geliebt und beachtet fühlt.

Denk daran – in der Gemeinde geht es nicht um das reine Zuschauen wie bei einem Fußballspiel. Geh hin und mach mit!

Das Lebens-Rezept

Ein Freund von mir ist vor ein paar Jahren an Krebs gestorben. Hätte ich doch nur ein Heilmittel gehabt! Dann hätte ich sein Leben retten können.

Stell dir mal vor, ich hätte zu ihm ins Krankenhaus an sein Sterbebett laufen und ihm sagen können: „Hier, ich hab's – das ist das Heilmittel! Ich hab's gefunden! Damit kriegen wir den Krebs in den Griff, und du kannst weiterleben. Bei anderen hat es schon gewirkt, und bei dir wird es auch wirken. Du brauchst nicht zu sterben!"

Jetzt stell dir mal meine Gefühle vor, wenn mein Freund auf seinem Sterbebett gesagt hätte: „Nein, danke."

„Was? Du hast sie wohl nicht alle?! Damit kannst du *gesund* werden."

„Ich hab' schon verstanden. Bloß glauben fast alle meine Freunde, daß dieses Heilmittel ein großer Schwindel ist, und wenn ich es nehme – na ja, ich mach' mir Gedanken, was sie dann von mir halten. Ich bleibe lieber bei meinem Krebs."

Woche für Woche begegne ich jungen Menschen, die tief in sich drin begriffen haben, daß Jesus Christus uns das Heilmittel gegen Einsamkeit, Traurigkeit und Sünde angeboten hat – das wahre Rezept für ein gelungenes Leben. Ihnen ist auch klar, daß sie dieses Rezept ablehnen, wenn sie Jesus den Rücken kehren. Trotzdem wenden sie sich ab. Warum? Vermutlich nicht, weil sie supercool sind. Auch nicht, weil sie so harte Typen sind. Sie haben bloß Angst davor, was ihre Freunde von ihnen halten werden, wenn sie's tun.

Ich bekomme auch mit, wie manche, die schon Christen sind, sich so verhalten und reden, daß es zwar Gott nicht gefallen kann, aber Eindruck auf ihre Freunde macht. Warum? Du hast es begriffen – ihnen ist die Meinung ihrer Freunde wichtiger als das, was Gott von ihnen hält. Wenn wir ehrlich wären, müßten wir zugeben, daß wir uns alle manchmal von Zeit zu Zeit so verhalten. Ich bin mehr als nur einmal in diese Falle getappt.

In David Wilkersons berühmten Buch *Das Kreuz und die Mes-*

serhelden (Uralt, aber spannend! In dem Buch geht es um einen Pfarrer, der versucht, zwei rivalisierende Jugendbanden miteinander zu versöhnen und ihnen die Bedeutung von Gottes Wort nahezubringen), kommt eine starke Szene vor: Wilkerson spricht bei einer großen Versammlung, zu der er alle Gangs eingeladen hat, mit denen er wochenlang über Jesus geredet hat. Am Schluß bittet er alle, die Gottes Heilmittel annehmen wollen, nach vorn zu kommen, und viele standen auf und kamen.

Sofort aber machten die Freunde sich darüber lustig.

„Und diesen Blödsinn *glaubst* du? Ist doch idiotisch!"

„Wenn du nach vorn gehst, fliegst du aus der Gang."

Mädchen sagten zu ihren Jungs: „Setz dich wieder hin, oder ich mach' mit dir Schluß!"

Und ein paar von den Typen hörten auf diese Stimmen und gingen zurück auf ihre Plätze. Andere hörten lieber auf Gottes Stimme und gingen nach vorn, um sich helfen zu lassen.

Deine Freunde oder Freundinnen können dich kleidungsmäßig beraten, sie können dir beim Lernen helfen und manche einsame Stunde ersparen. Sie können dir das Gefühl geben, daß du zu ihnen gehörst. Einzig bei dir aber liegt die Entscheidung, was für ein Verhältnis du zu Gott haben willst.

Laß diese Entscheidung nicht deine Freunde für dich treffen!

Vers des Tages:

Du sollst der Menge nicht auf dem Weg zum Bösen folgen.
2. Mose 23, 2

Vorschlag:

Denk ein paar Minuten lang darüber nach, welchen Einfluß deine Freunde auf dein Verhältnis zu Gott haben. Haben sie dich in dieser Hinsicht bestärkt? Haben sie dir Steine in den Weg gelegt? Sich über dich lustig gemacht? Welche Freunde haben einen positiven Einfluß auf dein Leben als Christ, welche einen negativen? Hab keine Angst davor, zu Gottes Lebens-Rezept zu stehen. Du könntest dabei feststellen, wer deine *wahren* Freunde sind.

Hey!

Denk daran: du mußt dir gut überlegen, wen du dir als Freund aussuchst. Warum? Lies dazu 1. Korinther 15, 33 und Psalm 1, 1 und 2

Die Story lebt

Versetz dich mal in diese Situation: Ein Boot voller Fischer auf dem See Genezareth; es ist Nacht, und der Wind weht ziemlich stark. Die Gischt der Wellen, die gegen das Boot krachen, haben unsere Fischer schon völlig durchnäßt.

Einer von ihnen – Petrus, der Jünger – stemmt sich in die Ruder. Er wischt sich das Wasser aus den Augen und hält Ausschau nach einem Licht, irgendeinem Zeichen, das den Weg an Land weist. Plötzlich sieht er da draußen auf den Wellen eine Bewegung. Noch ein Boot? Ein Felsen? Ein Teil von einem Schiff, das der Sturm kentern ließ? Er kneift die Augen zusammen und schaut nochmal hin – da, wieder! Und diesmal hat es ganz den Anschein, als wäre es ein Mensch. Er wischt sich die Gischt aus den Augen und sieht noch einmal hin. Erstaunlich, das ist keine Einbildung – er erkennt, daß es ein Mensch *ist*... da läuft jemand auf dem Wasser!

Wie wohl Petrus darauf reagiert? Sagt er gähnend seinen Vers auf: „Siehe, wahrhaftig, dort wandelt jemand auf dem Wasser"?

Ich glaub', ich spinne! Ich stelle mir vor, daß er wie verrückt brüllte: „Her mit dem Fernglas!"

Okay, Petrus hatte kein Fernglas, aber mit Sicherheit sorgten er und die anderen der Mannschaft vor Aufregung und Angst für Schlagseite. Wahrscheinlich kippten sie fast das Boot um, als sie sich alle auf die eine Seite drängten, um besser sehen zu können.

Und die Bibel sagt, daß die Jünger darauf vor Angst aufschrien: „Der helle Wahnsinn!" (Ken-Davis-Übersetzung) „Es ist ein Gespenst!" (Luther-Übersetzung)

„Habt keine Angst", rief Jesus ihnen zu. „Ich bin's."

Petrus, impulsiv wie er war, sagte: „Hey, Herr, kann ich das auch mal probieren?"

„Na los!" sagte Jesus.

Also legte Petrus seinen Mantel ab und sagte: „Macht die Videokamera klar, Jungs, ich steig' aus!"

Na gut, na gut, er hatte auch keine Videokamera. Aber du

kannst dir wohl vorstellen, daß sein Puls doppelt so schnell raste wie sonst, als er über die Bootskante stieg?

Bestimmt grabschen einige von euch Lesern jetzt nach der Bibel und suchen nach den Wörtern *Fernglas* und *Videokamera*. Gebt euch keine Mühe – sie stehen nicht drin. Ich versuche nur, euch eins klarzumachen, und zwar folgendes: Wir behandeln die biblischen Geschichten oft so, als wären sie erfunden, als wären sie nicht echten Menschen aus Fleisch und Blut passiert, die Gefühle, Ängste und einen rasenden Puls gehabt hätten. Aber die biblischen Geschichten sind wahr, und sie sind Menschen wie dir und mir passiert.

Stell dir einfach mal vor, Jesus würde heute auf dem Wasser gehen. Die Kameras würden wie verrückt klicken. Er würde in alle Talkshows und zu *Explosiv* eingeladen. Und ich kann mir gut die Schlagzeilen der skeptischen Presse vorstellen: KANN JESUS SCHWIMMEN?

Probier mal folgendes: Wenn du die Bibel liest, gebrauche deine Phantasie, um die Geschichten mit den Augen, Gedanken und Gefühlen der betroffenen Menschen zu erleben. Stell dir vor, daß *du* es wärst, dem diese Dinge passieren.

Die Bibel ist ein lebendiges Buch. Jesus ist ein lebendiger Gott. Laß dir diese sprühende, atmende, pulsierende Lebendigkeit nicht entgehen!

Vers des Tages:

Denn wir haben nicht einen Hohenpriester, der nicht könnte mit leiden mit unserer Schwachheit, sondern der versucht worden ist in allem wie wir, doch ohne Sünde.
Hebräer 4, 15

Vorschlag:

Jetzt kennst du die Geschichte (oder?). Versuch mal, sie in deine eigenen Worte zu fassen – und versuch dir vorzustellen, wie du dich Schritt für Schritt gefühlt hättest, wenn du Petrus gewesen wärst.

Hey!

Dieser Vers sagt uns, daß Jesus genauso fühlte wie wir. Denk daran, wenn du Matthäus 14, 22–36 liest.

Die Holzhammer-Methode

„Habt ihr es satt, euch von Freunden auslachen zu lassen, wenn ihr ihnen etwas von Jesus zu erzählen versucht?" fragte der Prediger auf mitreißende Art.

„Ja!" riefen die jugendlichen Zuhörer mit Elan und voller Begeisterung zurück.

„Hättet ihr gern ein Mittel, bei dem eure Freunde wirklich zuhören wollen?"

„Ja!" schrie alles.

„Gut, ich habe eine Methode entdeckt, die immer wieder funktioniert", sagte er. Dann machte er die Aktentasche auf und holte eine 357er Magnum-Kanone heraus. „Geht ohne sie einfach nicht aus dem Haus."

Als das Gelächter ausklang, sagte er: „Wißt ihr, oft sind unsere Evangelisationsversuche genauso brutal, als würden wir unser Gegenüber mit einer Waffe bedrohen. Kein Wunder, wenn das unsere Freunde abschreckt!"

Diesem Gedankengang folgte ich mit großem Interesse. „Zeugnis ablegen" gehört zu den schwersten Übungen eines Christen – und dabei scheint es keinen goldenen Mittelweg zu geben. Entweder ist man zu „heiß", nagelt die Leute gegen ihren Willen fest und predigt Feuer und Schwefel vom Himmel, damit sie auf die Knie gehen und an Ort und Stelle das Gebet des reuigen Sünders sprechen, oder man ist zu „kalt" und bringt überhaupt nichts rüber. Wo stehst du?

Darf ich ein paar Ratschläge geben, die den „Heißen" und den „Kalten" gleichermaßen helfen würden?

1. Lade ein, übe keinen Druck aus! Gib deinen Freunden die Chance, von dir etwas über Christus zu hören. Sie haben das Recht auf Ablehnung. Nagel sie nicht fest, dir zuzuhören, ob sie nun wollen oder nicht. Gott läßt jedem die freie Wahl; das sollten wir auch tun.

2. Respektiere deinen Zuhörer. Betrachte deine Freunde nicht als bloße „Missionsopfer". Es sind Menschen, für die Jesus gestorben ist. Gib ihnen die Chance zu antworten und höre dabei genau hin. Wenn du mit ihnen redest, dann voller Respekt.

3. Überlege dir gut, was du sagst. Natürlich solltest du dir kein ausformuliertes „Zeugnis" zurechtlegen. Aber du mußt dir selber im Klaren darüber sein, was Gott und der Glaube an ihn dir bedeutet und warum es so toll ist, Christ zu sein. Planloses Herumgestotter wirkt nicht sehr überzeugend. Noch schlimmer sind allerdings leere Worthülsen (am besten in „Kanaanäisch"), die kein Mensch nachvollziehen kann („Das Opferlamm hat sein Blut am Kreuz für dich vergossen"). Sei ehrlich! Erzähle nichts, was du nicht selber empfindest. Ehrliche Begeisterung steckt an; aufgesetztes Gehabe schreckt ab. Wenn du von Jesus schwärmst wie von deiner Lieblings-CD, weckst du Interesse.

4. Verdiene dir das Recht, angehört zu werden. Wenn du das Gegenteil von dem lebst, was du sagst, wenn du als Freund oder Freundin nicht vertrauenswürdig bist oder ähnliches, dann kann dein feuriges Zeugnis mehr Schaden anrichten als nützen. Verdiene dir das Recht auf Anhörung mit einem Leben, das deine Freunde attraktiv finden. Dazu gehört, daß du deine Schwächen zugeben kannst. Dazu gehört auch, daß du ehrliches Interesse an deinen Freunden hast, daß du einen „geraden Weg" gehst; daß deine Worte und deine Taten übereinstimmen.

Tu das, und du brauchst keine Kanone!

Vers des Tages:

Seid allezeit bereit zur Verantwortung vor jedermann, der von euch Rechenschaft fordert über die Hoffnung, die in euch ist, und das mit Sanftmut und Gottesfurcht.
1. Petrus 3,15

Vorschlag:

Es gibt keine bessere Methode, diese Prinzipien zu lernen, als sie anzuwenden. Aber nimm dir nicht mehr vor, als du verkraften kannst. Mit dem Versuch, die ganze Welt zu retten – oder bloß alle deine Freunde –, würdest du dich hoffnungslos übernehmen. Außerdem wirkst du dann verkrampft. Ein Gespräch über den Glauben sollte ganz natürlich zustandekommen. Wenn du jemandem ein Gespräch aufdrängst („Äh, entschuldige, kennst du Jesus?“), wird das höchst peinlich! Bitte also Gott um die Gelegenheit, erst mal einem Menschen etwas von ihm zu erzählen. Überdenke die vier Prinzipien noch einmal und halte dich bereit, danach zu handeln, wenn Gott die Tür öffnet.

Hey!

Willst du wissen, wo in der Bibel steht, daß wir Freunden von Christus erzählen sollen? Lies Matthäus 28, 19–20 und Apostelgeschichte 1, 1–8.

An die Leine gelegt

(Dave)

Eines Tages saß ich im Flughafen, las die Zeitung und wartete auf meinen Flug, als irgend etwas gegen mein Bein plumpste und ich nachsehen mußte, was los war. Ein kleiner Junge, vielleicht zwei Jahre alt, aber ungeheuer energiegeladen, stellte alles auf den Kopf, was in Sichtweite war. Er schnappte nach allem, was er berühren konnte – nur wurde die Reichweite von seiner Mutter eingeschränkt. Sie hatte ihn sprichwörtlich an die Leine genommen, die an einem Gurt um seine Brust festgemacht war.

Das ist ja furchtbar – sie behandelt ihn wie einen Hund, dachte ich. *Wäre es nicht viel besser, ihn einfach an die Hand zu nehmen?*

Ein paar Monate später dachte ich anders darüber. Ich ging auf einem Pier entlang, der weit in den Ozean führte. Die See war rauh – die Wellen krachten gegen die Pfeiler, die Gischt sprühte haushoch. Dann sah ich eine Mutter, die ihren kleinen Sohn auch an der Leine hielt. Wie der Junge im Flughafen strebte auch dieser in alle möglichen Richtungen und widersetzte sich ihrem Griff.

Mir fielen an dieser Leine zwei Dinge auf. Erstens hatte der Junge dadurch eigentlich mehr Freiheit. Seine Mutter hätte ihn auf den Arm nehmen und tragen können, damit er nicht vom Pier fallen würde, aber er hätte dann weder etwas erkunden noch eigene Erfahrungen machen können.

Und zweitens diente diese Leine dazu, sein Leben zu retten. Ohne sie wäre er im Handumdrehen vom Pier gefallen, etwa zwanzig Meter tief in eine so rauhe See, daß keine Küstenwacht ihn mehr hätte retten können.

Er wollte sich ja nicht umbringen. Er war bloß zu jung, um die Gefahr einzuschätzen. Also übte seine Mutter eine gewisse Herrschaft aus, und zwar so, daß ein paar Leute sich vielleicht daran störten, aber sein Leben erhalten blieb.

Im Grunde nichts besonderes. Eltern retten ihren Kindern routinemäßig das Leben. Normalerweise allerdings nicht mit einer Leine – sie machen das mit einem Nein.

„*Nein!* Pieks ja nicht mit der Nagelfeile in die Steckdose."

„*Nein!* Iß nicht das Rattengift."

„*Nein!* Bleib von der Straße weg."

Wenn wir älter werden, versuchen unsere Eltern immer noch, unser Leben zu bewahren, unser Glück zu erhalten, selbst wenn wir es lieber hätten, sie würden damit aufhören. Sie lassen dabei immer noch diese eine verhaßte Silbe hören.

„*Nein!* Bleib weg von Drogen und Alkohol. Das Zeug kann dich umbringen."

„*Nein!* Treib dich nicht mit diesen Typen rum. Die tun dir nicht gut; du bekommst nur Schwierigkeiten."

„*Nein!* Ich will nicht, daß du jetzt schon mit sexuellen Spielereien anfängst."

Versuchen deine Eltern manchmal, dich mit Methoden zu gängeln, die so nicht nötig wären? Wahrscheinlich. Aber denk dran:

HERR SCHMITZ GEHT MIT SEINER TOCHTER SPAZIEREN

Sie haben dir mit diesen gefürchteten vier Buchstaben schon früher *oft* das Leben gerettet und erinnern sich auch daran. Und vielleicht haben sie zumindest manchmal noch recht.

Rede mit ihnen darüber. Teile ihnen mit, wo sie dir deiner Meinung nach mehr Freiheit gewähren sollten. Überlasse es aber ihnen, wo sie noch Nein sagen wollen.

Dieses Wort hat dir ja schon öfter das Leben gerettet.

Vielleicht auch das nächste Mal.

Vers des Tages:

Mein Sohn, bewahre das Gebot deines Vaters und laß nicht fahren die Weisung deiner Mutter. Binde sie dir aufs Herz allezeit und hänge sie um deinen Hals, daß sie dich geleiten, wenn du gehst; daß sie dich bewachen, wenn du dich legst; daß sie zu dir sprechen, wenn du aufwachst. Denn das Gebot ist eine Leuchte und die Weisung ein Licht, und die Vermahnung ist der Weg des Lebens.

Sprüche 6, 20–23

Vorschlag:

Die meisten Kids hätten gern totale Freiheit. Weil das unrealistisch ist, könntest du ja ein paar Punkte benennen – Schlafengehen, Nachhausekommen, Telefonbenutzung, Auswahl von Musik oder Kleidung –, wo du inzwischen deiner Meinung nach mit etwas mehr Freiheit verantwortlich umgehen könntest, als deine Eltern dir zugestehen. Überlege dir vorher, womit du das begründen willst, und bitte dann deine Eltern um ein Gespräch darüber. Laß es aber bleiben, wenn du kein Nein akzeptieren würdest, ohne sauer zu werden und zu meckern. Das würde deiner Sache eher schaden als nützen.

Hey!

Willst du wissen, was du erwarten kannst, wenn du deinen Eltern gehorchst und sie ehrst? Lies 2. Mose 20, 12.

Heute schon gelacht?

Es war bei einem ausverkauften Konzert in einer großen Kirche in Texas, wo ich für die Pausenunterhaltung sorgte. Alles lief blendend. Die Beleuchtung war gut, das Soundsystem stimmte, die Zuhörer waren begeistert, und die Kasse war bis zum Rand voll.

Mit anderen Worten, wir hatten eine Situation, die wie geschaffen schien für eine größere unvorhergesehene Katastrophe.

Die Katastrophe schlug zu, als wir die Hälfte der Show hinter uns hatten. Ein Mann, der kurz zuvor in unbeherrschtes Gelächter ausgebrochen war, erlitt einen Herzinfarkt. Ein paar Minuten später wurde er auf einer Bahre eiligst nach draußen geschafft.

Solche Unterbrechungen üben auf witzige Vorträge eine gewisse dämpfende Wirkung aus. Mich durchfuhr das schlechte Gewissen. Vielleicht war ich schuld daran gewesen. Passiert war es direkt nach einer von meinen witzigsten Passagen, die das Publikum zu rasendem Gelächter verführte.

Ich entschloß mich, ihm einen Brief zu schreiben.

Seine Antwort fiel besser aus als die sonstigen positiven Kritiken und Ehrungen, die ich nach diesem Abend in Empfang nehmen durfte. Und so lautete sie:

Lieber Ken,
ich habe keine Angst vor dem Sterben. Ich habe mich schon vor vielen Jahren darauf vorbereitet, vor meinen Herrn zu treten. Bitte entschuldige Dich nicht. Ich hatte schon vier Herzinfarkte. Daher möchte ich Dir für den besten Herzinfarkt danken, den ich je hatte. Sich totzulachen ist nicht die schlechteste Art zu sterben. Mach weiter so und bring anderen Menschen die Freude Christi.

Endlich mal einer, der die *wahre* Quelle von Freude und Gelächter kennt! Nicht die Standardwitze von Ken Davis, sondern Jesus, der mit seiner Liebe zu uns, mit seinem Tod am Kreuz und seiner Auferstehung für Freude und Lachen gesorgt hat.

Und darum dürfen Christen ruhig lachen, herumalbern und darüber grinsen. Wer hätte mehr Grund dazu?

Mach von dieser Freiheit Gebrauch. Lerne, wie man brüllend lacht. Lerne einen guten Witz zu schätzen. Lerne, die schönen Momente des Lebens auszukosten.

Als Christ hast du das Recht dazu.

Vers des Tages:

Ein fröhliches Herz tut dem Leibe wohl.
Sprüche 17, 22

Hey!

Freude gehört zu „den Früchten des Geistes"; willst du wissen, was noch dazu gehört? Lies Galater 5, 19–25.

Vorschlag:

Denke heute über zwei Dinge nach:
Erstens: Mit Jesus haben alle schlimmen Dinge ihren Schrecken verloren. Er ist in jeder Situation bei dir.
Zweitens: Das allermeiste in deinem Leben ist schön und gut. Schau dich um! Vielleicht siehst du genau jetzt einen Grund zur Freude.
Freu dich und lach mal wieder!

Kann Sterben cool sein?

Alle, die mit jungen Menschen arbeiten, machen häufig die frustrierende und trostlose Erfahrung, daß sich jedes Jahr, jeden Monat und sogar täglich viele Teenager das Leben nehmen.

Weil dieses Problem so verbreitet ist, wollen wir in unserem Buch darauf eingehen. Allerdings fühlen sich weder Ken noch Dave in der Lage, über die Motive zu reden, die einen jungen Menschen in den Selbstmord treiben.

Lassen wir also Sarai zu Wort kommen, eine junge Frau, die versucht hat, sich das Leben zu nehmen.

Lies dieses Kapitel auch dann, wenn Selbstmord das letzte wäre, was dir in den Sinn käme. Eines Tages kann sich deine Situation ändern. Vielleicht sagt einmal jemand, den du liebst: „Ich will einfach nicht mehr leben."

Es ist zwei Jahre her. Ich war in meinem Zimmer; meine Mutter saß in ihrem Zimmer vor dem Fernseher. Sonst war niemand zu Hause.

Ich schaute in den Spiegel. Ein Glas Wasser und ein Fläschchen mit Tabletten standen vor mir. Warum war mein Leben schon immer so mies gewesen? Ob Gott mich haßte? Meine Freundinnen hatten gesagt, sie würden immer für mich da sein. Na klar! Heute abend war ich deprimiert und mußte mit jemand reden, aber alle waren ausgegangen – bloß, weil heute Freitag war. Ich saß hier fest. Ich nahm ein paar Tabletten und schaute mich wieder an. Ich nahm ein paar mehr und lehnte mich zurück. Mein Leben zog an mir vorbei.

Es kam mir nicht gerade besonders toll vor. Die meiste Zeit meines Lebens, schon als kleines Mädchen, war ich allein gewesen. Wir waren oft umgezogen. Ich bin in psychiatrischen Kliniken gewesen, war oft in Behandlung, und einmal hat mir ein Psychiater sogar gesagt, ich sei ein hoffnungsloser Fall. Seit ich denken kann, bin ich abgelehnt worden, und jetzt waren nicht mal meine Freunde für mich zu sprechen. Also wieder mal allein.

Warum hatte auch Gott mich gerade jetzt verlassen, wo ich ihn so dringend gebraucht hätte? Es kam mir so vor, als wäre alle Welt an einem miesen Plan gegen mich beteiligt. Ich war so einsam. Gab es niemanden, der in diesem ganzen Mist auf meiner Seite stand? Auf jeden Fall stimmte bei mir gar nichts mehr. Ich war so deprimiert, daß ich mich am liebsten nicht mehr rühren wollte. Ich weinte bloß.

Dann nahm ich noch ein paar Tabletten und dachte über die verbliebenen Möglichkeiten nach. Ich konnte dieses Tablettenröhrchen leermachen. Dann wäre ich alle meine Probleme los und brauchte mir keine Sorgen mehr zu machen, ob alle böse auf mich waren oder nicht. Ich konnte auch zu meiner Mutter gehen und ihr sagen, daß ich eine ganze Menge Tabletten geschluckt hätte, aber nicht sterben wollte und dazu Hilfe brauchte.

Darüber mußte ich lachen. Ich sollte ihr sagen, ich hätte einen Fehler gemacht und bräuchte Hilfe? Auf keinen Fall. Lieber aufgeben, für immer!

Ich nahm die letzten Tabletten und legte mich dann schlafen. Ich kuschelte mich an meinen Teddy und dachte an das, was ich gerade getan hatte. Wollte ich das wirklich? Natürlich. So tat es am wenigsten weh. Mir war ziemlich schlecht, aber ich versuchte nicht, mich zu übergeben, weil es dann nicht klappen würde.

Trotzdem mußte ich mich in dieser Nacht übergeben, noch bevor die Tabletten vollständig gewirkt hatten. Allerdings wär's beinahe trotzdem aus mit mir gewesen, und ich mußte ins Krankenhaus gebracht werden. Ein paar Tage später kam ich dann wieder in die psychiatrische Klinik.

Das alles ist jetzt zwei Jahre her. Die ganzen Schmerzen, die mir damals so zu schaffen gemacht haben, als ich die Tabletten nahm, kommen mir jetzt vor wie aus einem anderen Leben – und gleichzeitig sind sie noch so real. Jetzt bin ich seit neun Monaten clean; ich, die Drogenabhängige und Alkoholikerin, bin auf dem Weg der Erholung. Wenn ich in der Nacht damals gestorben wäre, könnte ich jetzt meinen nüchternen Zustand nicht mehr genießen.

Es war ein langer, schwerer Weg von meinem Zustand damals bis dahin, wo ich jetzt stehe. Aber es war die Mühe wert. Das Leben ist für jeden hart – für manche leider härter. Manchen wird mehr als anderen in die Wiege gelegt: Verstand, gutes Aussehen, Geld. Aber materielle Dinge sind nicht so wichtig wie die eigene Persönlichkeit und das Leben selbst. Es ist nie hoffnungslos; man kann an allem etwas ändern.

Es ist wahr, daß ich sogar jetzt noch manchmal wenig Hoffnung für mein Leben sehe und aufgeben möchte. Das hängt aber ganz von meinem Standpunkt ab. Die Probleme erledigen sich nicht von allein; ich muß die Sache in die Hand nehmen. Aber selbst, wenn man nur noch fünf Minuten zu leben hätte, könnte man wenigstens diese Zeit noch sinnvoll gestalten. Es ist nie zu spät oder zu früh, und auf jeden Fall ist die Lage niemals hoffnungslos.

Natürlich könntest du jetzt sagen: *Was sollen die Leute von mir denken, wenn ich mich wegen Depressionen behandeln lassen würde? Wär doch echt uncool. Oder wenn ich zum Seelsorger gehe. Da denken doch gleich alle: Hat die'n Knall!*

Soll Sterben etwa cool sein? Bloß weil ich keine Verantwortung für mich übernehmen will?

Vers des Tages:

Der Herr ist nahe denen, die zerbrochenen Herzens sind, und hilft denen, die ein zerschlagenes Gemüt haben.
Psalm 34, 18

Vorschlag:

Depressionen und Selbstmordgedanken darf man nicht übergehen! Wenn du dich schon einmal so ähnlich wie Sarai gefühlt hast, bemüh dich um Hilfe. Wenn du meinst, daß du mit deinen Eltern nicht darüber reden kannst, sprich mit einem Lehrer, dem du vertraust, mit deinem Jugendpastor oder einem befreundeten Erwachsenen. Sarai hat es geschafft. Das kannst du auch!

Hey!

Lies den ganzen Psalm 34. Merkst du, wie sehr Gott sich um uns kümmert und was er Menschen mit „zerbrochenem Herzen" bietet?

Wenn du nicht zu denen gehörst, die manchmal Selbstmordgedanken haben, dann nimm dir etwas Zeit, für alle in deiner Schule, Kirche oder Bekanntschaft zu beten, die davon betroffen sind. Sei freundlich zu allen, mit denen du zu tun hast; was du tust und sagst, kann ein Hoffnungsstrahl für jemand sein, der sich völlig hoffnungslos fühlt.

Zielen ... und treffen!

Vor Jahren, als ich noch ein Teenager war, saß ich im Jugendmeeting und hörte einem Vortrag zu, in dem es um Prioritäten ging.

„Verschwende deine Zeit nicht mit Zielen, die dir eigentlich nicht wichtig sind", sagte der Redner. „Finde heraus, was *wirklich* für dich zählt, was du *wirklich* erreichen willst – und dann arbeite dafür."

Er gab uns fünf Blatt Papier und ließ uns auf jedes je ein Hauptziel unseres Lebens schreiben. Beziehungen, Fähigkeiten, Begabungen, Träume – alles, was in unserem Leben am meisten zählte, wurde auf diese Blätter geschrieben.

Es war nicht einfach, diese fünf wichtigsten Dinge auszusuchen. Mir kam vieles in den Sinn, und es fiel mir schwer, mich auf fünf Ziele zu beschränken. Es kam mir wie ein Wunschzettel mit nur fünf Wünschen vor – alles, was man sausen lassen muß, tut einem richtig weh! Ich mußte oft radieren und wieder neu schreiben.

Dann wurde die Aufgabe noch schwieriger. Im Saal gab es einen Kamin. Er zeigte darauf und sagte: „Okay, jetzt müßt ihr die Liste auf vier Blätter beschränken. Nehmt ein Stück Papier und werft es ins Feuer."

Mann – war das hart, eins auszusuchen, das verbrennen sollte. Aber nach getaner Arbeit zeigte er noch einmal auf das Feuer und sagte: „Jetzt beschränkt euch auf drei."

Du weißt schon, was jetzt kommt, oder? Er ließ uns alle Wünsche bis auf einen verbrennen – das, was wir am meisten wollten. Heute erinnere ich mich nicht mehr an Einzelheiten aus dem Vortrag, ich weiß auch nicht mehr, wie der Mann hieß – aber nach all diesen Jahren weiß ich noch, was ich auf den letzten Zettel geschrieben hatte.

Ich bin froh, daß ich das miterlebt habe, so schwer es auch war. Denn der Mann hatte recht. Man hat im Leben Erfolg, wenn man weiß, was man will und bereit ist, auf etwas anderes zu verzichten, das auch angenehm sein könnte, um das höchste Ziel zu erreichen, das man sich vorstellt.

Weißt du, was du auf diese fünf Blätter schreiben würdest? Weißt du, welches Blatt du am Ende noch hättest? Weißt du auch, wie Gott und sein Wille für dein Leben mit diesen Plänen zusammenpassen? Ich bin froh, daß mich jemand früh im Leben aufgefordert hat, diese Fragen zu beantworten.

Vers des Tages:

Trachtet zuerst nach dem Reich Gottes und nach seiner Gerechtigkeit, so wird euch das alles zufallen.
Matthäus 6, 33

Hey!

Wie wichtig war dem Apostel Paulus die Beziehung zu Gott im Vergleich mit allem anderen? Lies Philipper 3, 7–9 und 12–15.

Vorschlag:

Es ist nie zu früh, den richtigen Kurs für dein Leben zu setzen, und nichts hat den gleichen Rang wie das, was Paulus in Philipper 3, 8 sagt: „Ja, ich erachte alles für Schaden gegenüber der überschwenglichen Erkenntnis Christi Jesu, meines Herrn. Um seinetwillen ist mir das alles ein Schaden geworden." Wenn erst einmal diese Rangfolge geregelt ist, können alle anderen Lebensziele sich daran anschließen.
Mache unter dieser Voraussetzung selbst eine kleine Übung im Aufstellen einer Rangfolge, wie ich es vorhin beschrieben habe. Wenn du fertig bist, solltest du auf folgende Frage antworten: *Was ist das vorherrschende Ziel meines Lebens?* Dann stelle dir eine weitere Frage: *Wie schaffe ich es, täglich die Ziele in meinem Leben anzupeilen?*
Diese Übung ist sehr wichtig! Vielleicht redest du darüber mit Vater oder Mutter, einem Mitarbeiter deiner Jugendgruppe oder einem vertrauenswürdigen erwachsenen Freund.

Lückenloses Alibi

Ein Freund von mir ging eines Abends aus und gab seiner achtzehnjährigen Tochter ausdrückliche Anweisungen: Sie sei für ihre jüngere Schwester verantwortlich, und auf keinen Fall dürfe sie das Haus verlassen.

Aber als die Eltern gegangen waren, kamen Freunde und luden das ältere Mädchen ein mitzukommen, und sie konnte nicht widerstehen. „Du mußt mir etwas versprechen!“ befahl sie der kleinen Schwester. „Erstens, erzähl niemandem etwas! Zweitens, schließ die Tür hinter mir ab. Und drittens, geh nicht aus dem Haus. Versprochen?“

„Versprochen“, nickte die Kleine, die der Schwester gern einen Gefallen tun wollte.

Dann fuhr das ältere Mädchen mit ihren Freunden los, nachdem sie die Kleine mit reichlich Pizza versorgt hatte. Sie wollte rechtzeitig zurück sein, um alle verdächtigen Hinweise zu tilgen. Sie hatte an alles gedacht, nur an eins nicht: Sie vergaß ihren Hausschlüssel.

Als sie zurückkam, war die kleinere Schwester eingeschlafen. Sie hörte deshalb nicht die Klingel; auch, als an Türen und Fenster geklopft wurde, reagierte sie nicht. Die Nachbarn allerdings schliefen nicht. Sie hörten den Lärm und riefen die Polizei, weil sie dachten, ein Einbrecher sei am Werk.

Als die Eltern nach Hause kamen, blitzte es überall von den roten Lichtern der Polizeiwagen, doch dieser rötliche Schein war nichts gegen die tiefe Röte im Gesicht der sehr verlegenen Tochter.

Wäre man dem Mädchen am nächsten Tag in der Schule begegnet und hätte es gefragt, was schiefgegangen sei, hätte es vermutlich gemurmelt: „Gott hat sich wohl gegen mich auf die Seite meiner Eltern gestellt.“ So etwas passiert tatsächlich, aber das ist nur die halbe Wahrheit. Er ist auch auf ihrer Seite. Und auf deiner.

Kommt es uns manchmal nicht so vor, als würde Gott einen kleinen schwatzhaften Schutzengel aussenden, der uns ausspioniert und dann den Eltern sagt, was alles los ist?

Bist du mit deinen Freunden und Freundinnen nicht schon oft in Schwierigkeiten geraten, obwohl du dachtest, alles sei perfekt geplant? Und dann hast du doch „nur eine kleine Sache" vergessen. Ich weiß nicht mehr, wie viele Eltern mir schon erzählt haben, daß ihre Kinder sich mitten in der Nacht hinausgeschlichen hatten. Sie entdeckten das Täuschungsmanöver, weil sie in der Morgendämmerung wach wurden und aus irgendeinem rätselhaften Drang heraus ins Zimmer schauen und nachsehen mußten, ob alles in Ordnung sei.

Ich will folgendes damit sagen: Wenn du vorhast, deine Eltern zu hintergehen und ihnen den Gehorsam aufzukündigen, bringst du niemals den „perfekten" Plan zustande. Denn Gott, der dich liebt und deinen Eltern die Verantwortung für dich übertragen hat, könnte jederzeit die Lage für sie auskundschaften – und zwar mehr um deinetwillen als wegen deiner Eltern.

Im Augenblick kommt es dir vielleicht vor wie ein fieser Trick. Aber damit stellt man die Sache auf den Kopf. Der schmutzige Trick ist zunächst mal der Ungehorsam gegen die Eltern und die Lüge. Gott haßt den Betrug.

Und weil er gegen Betrug ist, solltest du vor jedem Täuschungsversuch gegenüber deinen Eltern wissen, daß die Sache wahrscheinlich schiefgeht.

Vielleicht finden sie es heraus, und dann bekommst du Ärger, und deine Eltern vertrauen dir nicht mehr.

Oder sie finden es nicht heraus. Du könntest dann denken, es habe einmal geklappt, also würde es noch einmal klappen. Doch damit fängt ein Täuschungskreislauf an, der dir ein Leben lang anhaftet.

Und das wäre viel schlimmer.

Vers des Tages:

Wer möchte gern gut leben und schöne Tage sehen? Behüte deine Zunge vor Bösem und deine Lippen, daß sie nicht Trug reden. Laß ab vom Bösen und tu Gutes; suche Frieden und jage ihm nach.
Psalm 34, 13–15

Vorschlag:

Leider leben wir in einer Gesellschaft, in der Lüge und Betrug normal geworden sind. Das stört mich so sehr, daß ich mich eines Tages verpflichtet habe, den ganzen Tag lang in totaler Aufrichtigkeit zu leben. *Ist doch ein Klacks!* dachte ich. *Ich bin so ein anständiger Mensch, daß das problemlos abgeht.* Von wegen! Ich war verblüfft, wie oft am Tage ich versucht war, die Wahrheit ein kleines bißchen zu verbiegen. Trotzdem bin ich froh über dieses Experiment.

Hey!

Willst du wissen, wann Gott einen Menschen wirklich segnen will? Lies Psalm 32, 1 und 2.

Jetzt ist mir viel klarer, wie leicht es ist, der Zunge eine Lüge aufzutischen, ohne überhaupt richtig darüber nachzudenken. Versuche es selbst: Weil du ja sicher noch viel anständiger bist als ich, verpflichte dich doch einmal, die ganze Woche lang absolut ehrlich zu sein. Glaub mir, Gott wird dir sehr schnell Bereiche in deinem Leben zeigen, an denen du arbeiten mußt. Und wenn das passiert, denk an den Vers von heute: „Laß ab vom Bösen und tu Gutes."

Gott labert nicht

Als Kind saß ich in der Sonntagsschule meistens direkt neben meinem Cousin Jim. Eines Sonntags besprach die Lehrerin einen Bibelvers Wort für Wort und fragte die Besucher der Gruppe, was diese Worte ihrer Meinung nach bedeuteten. Die Gefragten plapperten einfach nur die Antworten nach, die die Lehrerin ihnen in den Mund legte. Selbst so jung an Jahren merkte ich, daß solche Antworten nicht eben sinnvoll waren.

Ein Junge wurde zum Beispiel gebeten, die Worte „und die Jünger verließen das Haus“ zu erklären. Pflichtgemäß dachte der Junge eine Weile nach und gab dann in quäkendfrömmelndem Tonfall folgende unsterbliche Weisheit von sich: „Die vier Wände des Hauses stehen für vier Arten von Sünde – die Lust der Augen, die Lust des Fleisches, die Lust des Geldes…“ Hier kam er ins Stocken.

Man sah förmlich, wie ihm die Lüste ausgingen.

Es gab vier Wände; wenn diese Auslegung taugen sollte, mußte noch eine Lust drinstecken. „… und die Lust an der Lüge“, fuhr er fort. „Als sie das Haus verließen, flohen sie vor den Klauen dieser Lüste und vor Satans Bosheit, für die das Dach steht.“

Man merkte, wie selbstzufrieden er mit diesem letzten Häppchen theologischer Improvisation war. Und die Lehrerin lobte ihn begeistert, wie gut er die Bibel verstehe.

Mein Cousin krümmte sich, um nicht vor Lachen losplatzen zu müssen. Als die Lehrerin ihn fast explodieren sah, schimpfte sie: „Du hast wohl eine bessere Auslegung, Jim!“

Jim machte ein ernstes Gesicht, aber in den Mundwinkeln steckte immer noch ein Grinsen. Mit der angemessen salbungsvollen Stimme sagte er: „Dieser Vers hat meine Seele angerührt. Wenn die Schrift (er rollte sogar das „r“ in „Schrift“, wie manche Prediger zu tun pflegen) sagt, daß die Jünger das Haus verließen, glaube ich, daß Gott uns sagen möchte…“ Hier hielt er inne und sah flehentlich himmelwärts. „Er versucht uns zu sagen, daß die Jünger aus dem Haus rausgingen.“

Als das Gelächter erstarb und Jim wegen seiner altklugen Antwort gehörig zurechtgewiesen worden war, ging die Stunde weiter.

Aber Jim hatte recht gehabt. Man braucht nicht Griechisch studiert zu haben, um zu kapieren, daß die Worte nichts weiter besagten, als daß die Jünger eben aus dem Hause gingen. Im Rückblick tut es mir leid, daß die Kinder in meiner Sonntagsschulgruppe lernten, die Bibel könne so manipuliert werden, genau das auszusagen, was wir hineinlegen wollen. Selbst in diesem Alter lehnten viele von uns diese Methode ab und gewöhnten es sich zunehmend an, die Bibel selbst abzulehnen und zu verspotten.

Die Bibel ist Gottes Wort. Sie hat viele tiefe Bedeutungen, aber man sollte sie nicht so zurechtzubiegen versuchen, daß man herausliest, was man will, oder seine vorgefertigten Ideen hineinlegen kann.

Wenn man die Bibel liest, sollte man erwarten, daß Gottes Geist daraus spricht. Gott kann unser Leben verändern, und die Bibel gehört zu seinen Mitteln, um uns etwas zu sagen. Gott kann uns aber nur verändern, wenn wir auf das hören, was er *wirklich* sagt.

Leg Gott nicht deine Worte in den Mund. Laß ihn dir sagen, was er sagen will – nicht mehr und nicht weniger.

Vers des Tages:

Denn alle Schrift, von Gott eingegeben, ist nütze zur Lehre, zur Zurechtweisung, zur Besserung, zur Erziehung in Gerechtigkeit, daß der Mensch Gottes vollkommen sei, zu allem guten Werk geschickt.
2. Timotheus 3, 16

Vorschlag:

Hast du dir schon mal Notizen beim Bibellesen gemacht? Das muß nichts Großartiges sein und kostet gar nicht viel Zeit. Besorg dir ein kleines Heft; ein paar Blätter Papier tun's auch. Wenn du dann etwas aus der Bibel liest, notiere in einer Spalte das Datum und in einer anderen die Bibelstelle. Was dir dazu einfällt, kommt in die nächste Spalte. Laß Platz für eine vierte Spalte, in die du später einträgst, wie du diese Bibelstelle angewendet hast.
Versuch das mal – du wirst merken, daß es dir wirklich hilft, das Gelernte zu behalten!

Hey!

Willst du wissen, was Gottes Wort Gutes in unserem Leben bewirken kann? Lies Psalm 19, 7–11. (Lies es am besten gleich; es ist wirklich gut!)

Was verkaufst du?

Kurz nach meinem Collegeabschluß war ich völlig abgebrannt und brauchte dringend Geld. Dann hörte ich von der Möglichkeit, Fernstudienkurse zu vermitteln; für jeden Kurs gab es eine Abschlußprämie von 150 Dollar! Das war damals ein kleines Vermögen.

Es gab da nur ein kleines Problem: Ich fand den Kursus an sich nicht besonders gut, und ich konnte mir nicht gut vorstellen, wo der Nutzen für den Kunden liegen sollte. Aber bei diesem Verdienst konnte ich schlecht widerstehen. Ich unterschrieb und wurde Kurs-Verkäufer.

Es dauerte eine Woche, um mir einen Stil anzutrainieren, der für mich die ultimativste, dynamischste Verkaufspräsentation aller Zeiten darstellte. Meine Präsentation war so verlockend, daß ich mir beinahe selbst so einen Kurs zugelegt hätte! Als die Schulung beendet war, verkaufte ich am gleichen Tag den ersten Kurs. Am nächsten Tag verkaufte ich zwei. Ich hätte mir nie träumen lassen, wie kaufsüchtig die Kunden waren! Nach fünf verkauften Kursen und dem Gefühl, mit 750 Dollar ein reicher Mann zu sein, faßte ich mir ein Herz. Es wurde Zeit, den ersten Kurs in der großen weiten Welt zu verkaufen. Die Verwandten waren mir ausgegangen.

Nach zwei Tagen voller „Neins" und zugeknallten Türen gab ich auf. Hätte ich ein Produkt verkauft, an das ich geglaubt und das meiner Meinung nach dem Kunden wirklich etwas genützt hätte, wäre etwas Motivation übriggeblieben, angesichts so rauher Unstände weiterzumachen. Mein einziges Motiv aber war das Geld. Beim ersten Widerstand, der sich regte, machte ich Schluß.

Die besten Verkäufer der Welt sind Leute, die an ihr Produkt wirklich *glauben!*

Einmal habe ich so viele selbstgebackene Kekse gekauft, daß ich ein ganzes Land davon hätte ernähren können – nur weil die kleine Pfadfinderin, die sie feilbot, so überzeugt von ihrem Gebäck war. Ich wußte, daß sie kein eingeübtes Verkaufsgespräch führte. Sie futterte die Kekse die ganze Zeit selbst. Das wirkte!

Hör mal zu, wenn einer von seinem Auto erzählt: „Mann, der ist in drei Sekunden von Null auf Hundert! Zweihundert Pferde unter der Haube, sechzehn Ventile, Doppelvergaser mit Turbolader, und ...“ Und so weiter. Eins ist klar: Der Typ liebt sein Auto!

Hör mal hin, wenn ein Mädchen von ihrem Freund erzählt: „Er hat so tolle dunkelblaue Kontaktlinsen, weißt du, und Wahnsinnsmuskeln, und er ist so lieb, und so höflich. Er sieht so suuuper aus! Und dann ...“ Sie kann stundenlang von ihm reden. Mit wachsender Begeisterung.

Keiner von diesen Leuten braucht einen Vorwand, um davon zu schwärmen, wovon er überzeugt ist.

Vielleicht reden wir so ungern über Jesus, weil wir von seinem Angebot selbst nicht so recht überzeugt sind. Wir haben die Tiefe der Liebe Gottes noch kaum ausgelotet; wir haben kaum darüber nachgedacht, wovor er uns gerettet hat. Es ist eine Sache, von Jesus und deinen Erfahrungen mit ihm zu reden, weil dein Jugendleiter findet, daß du mal dran bist. Es ist etwas anderes, wenn du von Jesus so begeistert bist, daß du kaum den Mund halten kannst.

Vers des Tages:

Darum, soviel an mir liegt, bin ich willens, auch euch in Rom das Evangelium zu predigen. Denn ich schäme mich des Evangeliums nicht; denn es ist eine Kraft Gottes, die selig macht alle, die daran glauben, die Juden zuerst und ebenso die Griechen.

Römer 1, 15.16

Zum Nachdenken:

Bist du echt überzeugt von der Botschaft von Gottes Liebe? Hat's bei dir richtig „geschnackelt"? Wenn wir verstehen, welches Opfer Jesus für uns gebracht hat, wie sehr Gott unser Leben (zum Guten!) verändern kann, dann wird aus unserem Zeugnis mehr als nur die Erfüllung unserer „Christenpflicht". Wenn du wirklich glaubst, was er für dich getan hat, dann wird es dir schwerfallen, deinen Mund zu halten.

Hey!

Lies Römer 8, 38.39, wenn du wissen willst, wie sehr Paulus an die Kraft der Liebe Jesu glaubte.

Schaf-Schocker

Ich wuchs auf einem Bauernhof auf. Wir hatten ein ziemlich fieses Schaf namens Hermann. Einmal kletterte ich unter einem Zaun durch, als Hermann aus hundert Metern Entfernung angerannt kam und mich anrempelte. Er schubste mich direkt gegen den Zaun. Es war einer mit Stacheldraht – ein elektrisch geladener! Und ich hatte zwei Eimer Wasser bei mir.

An diesem Tag erfand ich den Schütteltanz.

Hermann schubste mich drei oder viermal, und ich vollführte an diesem Zaun die irrsten Zuckungen, die die Stromschläge meinen Muskeln befahlen. Ich hätte jeden Breakdance-Wettbewerb gewonnen.

Immer noch an den Zaun gedrückt, tat ich einen Schwur: *Dich krieg' ich, du Mistschaf!*

Ein paar Tage später war ich an der Scheune und sah Hermann um die Ecke biegen. Meine Chance! Ich hielt hektisch Ausschau nach etwas, womit ich ihm eins überbraten konnte. Nichts zu finden.

Nur die Scheune war da. Ich konnte sie nicht anheben. Versucht habe ich es.

Hermann schob soeben seinen Kopf um die Ecke, und ich hatte nichts, womit ich ihn verprügeln konnte. Also schrie ich bloß: „Buh!"

Er fiel tot um.

Er schaute auf, und ich konnte es in seinen Augen lesen. *Das war's*, schien er zu sagen. Und dann fiel er um und war tot. Einfach so.

Aber nun mußte ich es meinem Vater beichten.

Mein Vater fragte: „Was ist mit Hermann passiert?"

„Na ja, Papa – er kam um die Ecke, und ich hab' ‚Buh' gemacht – und er ist tot umgefallen."

Wie soll man so was erklären?

„Hör mal, Junge, du hast das Tier doch geschlagen!"

„Nein, Papa, ich hab' nur ‚Buh' gemacht, und dann fiel er um. Mausetot. Ehrlich! Ich hab' nur ‚Buh' gemacht."

Ich weiß nicht, ob mein Vater mir geglaubt hat oder nicht. Aber eine Sache habe ich damals gelernt: Schafe sterben leicht.

Ganz anders als du und ich, was? Wir sind zäh!

Falsch. Auch wir sterben leicht, genau wie Schafe.

Manche von euch haben das Glück, heute hier zu sitzen und dieses Buch zu lesen, und ich habe das Glück, hier zu sitzen und es schreiben zu können. Zwischen diesem Glück und dem Tod liegen nur Zentimeter. Ein Zentimeter am Lenkrad, wenn's hoch kommt. Ein oder zwei Grad Celsius, die über Glatteis auf der Straße entscheiden.

Wir glauben, daß wir unverletzlich sind. Wir glauben, daß wir ewig leben. Besonders Teenager glauben das.

In gewisser Hinsicht stimmt das natürlich. Gott macht es für uns möglich, ewig zu leben. Aber nicht in diesem Körper. Wenn

das Unglück uns nicht erwischt, dann werden wir trotzdem alt und schwach und sterben irgendwann.

Ob Schafe oder Menschen, das ist ganz egal. Wir alle können leicht sterben.

Ein todtrauriger Gedanke, was? Nicht unbedingt. Wenn man erst einmal erkannt hat, daß Gott einen wirklich tollen Ort für die Menschen geschaffen hat, die ihm ihr Leben anvertrauen – einen Ort mit „vielen Wohnungen" –, dann sehen wir die Mahnungen in der Bibel, daß wir sterben müssen, in einem etwas anderen Licht. Dann ist es ein bißchen so, als wenn die Eltern mit den Kindern im Freizeitpark sind und ihnen beim Aufbruch zu den Attraktionen nachrufen: „Denkt dran, wir müssen um sechs Uhr fahren". Sie erinnern die Kinder nur daran, das beste aus ihrer Zeit zu machen, weil sie bald zu Ende geht und der Aufbruch naht.

Auch Gott erinnert uns daran, das beste aus unsrer Zeit hier zu machen, bevor wir zu ihm nach Hause gehen.

Jemand hat einmal geschrieben:

„Ein Leben nur haben wir – bald wird es vergeh'n;
nur was wir für Jesus getan, bleibet besteh'n."

Wie gehst du mit deiner Zeit um?

Vers des Tages:

Denk an deinen Schöpfer in deiner Jugend, ehe die bösen Tage kommen und die Jahre sich nahen, da du wirst sagen: „Sie gefallen mir nicht."
Prediger 12, 1

Vorschlag:

Jemand hat einmal gesagt, wir sollten immer so leben, als sei heute unser letzter Tag. Zweifellos würdest du an diesem letzten Tag noch vieles erledigen, vieles den Menschen sagen, die du liebst, und manches unternehmen, um Gott besser kennenzulernen. Mache eine Liste von allem, was du sagen und tun würdest. Warum sagst und tust du all das nicht jetzt, heute noch? Denk darüber nach, wie du es machen willst.

Hey!

Bloß, weil der Tod real ist, brauchen wir noch lange keine Angst davor zu haben! Lies dazu Hebräer 9, 27–28.

Spring!

Meine gerade zweieinhalbjährige Tochter stand oben am Treppenrand, gute zwei Meter über dem Parkettboden, und sah aus, als wollte sie jeden Augenblick springen.

„Was machst du da?“ rief ich. Sie war ein bißchen zu jung, um an Selbstmord zu denken.

„Ich guck' nur“, antwortete sie. „Das macht Angst, wenn ich nach unten gucke. Mein Rücken fühlt sich so komisch an.“

Als ich zu lachen aufhörte, kam mir eine Idee. Das war die Chance, ihr über die Angst hinwegzuhelfen und außerdem zu prüfen, wie weit sie mir vertraute. Ich stand genau unter der Stelle, wo sie über den Rand lugte. „Spring!“ sagte ich. „Ich fang' dich auf.“

Sie rückte zentimeterweise an den Rand, holte tief Luft – und dann zog sie sich in die Sicherheit zurück. Das machte sie noch eine paarmal, bei jedem Versuch, sich ein Herz zu fassen und zu springen. Jedesmal versicherte ich, daß ich sie niemals fallen lassen würde, und jedesmal wagte sie sich ein bißchen weiter hinaus, bevor sie sich zurückzog. Schließlich seufzte sie tief auf und beugte sich so weit vor, daß sie nicht mehr zurück konnte. Mit wedelnden Armen und einem Schrei aus tiefster Kehle fiel sie – und ich fing sie auf, wie versprochen.

Im Nu merkte sie, daß sie in Sicherheit war. Ein Lächeln wischte die Angst aus ihren Zügen, und sie schrie: „Nochmal!“

Gott wünscht sich, daß wir genausoviel Vertrauen auf ihn setzen. Er verlangt keinen begeisterten Schrei, keinen blinden Sprung aus schwindelerregenden Höhen. Er möchte nur, daß wir uns so weit zu ihm vorbeugen, bis es kein Zurück mehr gibt. Aber auch das kann ganz schön Angst machen!

Einmal hat jemand gefragt: „Wieviel Glauben braucht man, wenn man ein Schwimmbecken überqueren will?“ Ein kleiner Junge antwortete: „So viel, daß man den Rand losläßt.“

Oft lassen wir uns von diesem komischen Gefühl im Rückenmark mehr beeindrucken als von den Versprechungen Gottes.

Wo klammerst du dich am Rand fest und erlebst deshalb nicht, daß du Gott wirklich vertrauen kannst?

Warte nicht auf einen Wahnsinns-Mut-Schub, wenn du deine Sicherheiten losläßt und Gott vertraust. Zu Anfang strampelst und schreist du vielleicht so wie meine Tochter. Gott hat nicht versprochen, daß sein Weg schmerzlos und easy sein wird, aber er hat versprochen, daß er zur Stelle ist und dich auffängt, wenn du ihn brauchst.

Vers des Tages:

Verlaß dich auf den Herrn von ganzem Herzen, und verlaß dich nicht auf deinen Verstand, sondern gedenke an ihn in allen deinen Wegen, so wird er dich recht führen.
Sprüche 3, 5.6

Hey!

In der Bibel steht eine tolle Geschichte über einen Typ, dem es schwerfiel, Gott zu vertrauen. Lies Gideons Geschichte in Richter, Kapitel 6 u. 7.

Vorschlag:

Hat Gott dich schon mal gebeten, etwas zu tun, das dir ein bißchen Angst macht, dir vielleicht sogar einen Schrecken einjagt? Verlangt er von dir, dich dem negativen Einfluß eines bestimmten Freundeskreises zu entziehen oder eine gewisse Gewohnheit aufzugeben? Vielleicht drängt er dich in eine Berufsrichtung, bei der du dich unwohl fühlst. Bitte ihn um Durchblick; sprich mit deinen Eltern und (erwachsenen) Freunden darüber. Wenn du dabei den Eindruck gewinnst, daß Gott diese Sache wirklich will, dann spring. Statt vor Angst zu schreien, rufst du vielleicht auch bald: „Nochmal!“

Eine tod-langweilige Rede

Ich habe in meinem Leben schon manche langatmige Predigt gehört, aber der Weltrekord für die allerlängste geht an den Apostel Paulus. Paulus war so ausdauernd, daß einer von seinen Zuhörern während einer dieser rekordverdächtigen Predigten sogar zu Tode kam.

Paulus predigte in der Stadt Troas. Er traf sich mit einer Gruppe Christen zum Essen im dritten Stock eines Hauses. (Die Bibel sagt uns nicht, was für ein Essen – hätte also das Frühstück sein können.) Er fing während des Mahls an zu reden und predigte weiter bis Mitternacht!

Der Raum war so überfüllt, daß ein junger Mann namens Eutychus keinen normalen Sitzplatz fand. Also ließ er sich auf der Fensterbank nieder.

Kannst du dir denken, was jetzt kommt? Ein Teenager auf der Fensterbank. Dritter Stock. Der Prediger redet den ganzen Tag bis in die Nacht hinein.

Stimmt. Eutychus schlief ein und fiel vom Fensterbrett. Er landete drei Stockwerke tiefer.

Tot.

Nicht sehr witzig. Höchstens, daß alle, einschließlich Paulus, die Treppe hinunterrannten, um nachzusehen, wie es Eutychus ging. Als Paulus sah, daß der Junge tot war, umarmte er ihn und sagte zu allen: „Erschreckt euch nicht!"

Na, sowas! Ich weiß nicht, wie du reagiert hättest, aber wenn ich einen Teenager aus dem dritten Stock fallen und sterben sehen würde, wäre ich ziemlich fertig, und kein langatmiger Prediger könnte mir das ausreden.

Aber dann passierte etwas Wunderbares. Eutychus fing wieder an zu atmen. Vielleicht denkst du jetzt: Er war *nur bewußtlos gewesen.* Aber die Bibel sagt, er sei gestorben, und nachdem Paulus ihn umarmt habe, sei er wieder lebendig geworden. Dann gingen alle wieder nach oben und aßen weiter! (Zumindest war jetzt die Predigt zu Ende.)

Natürlich war es Gott, der Eutychus zum Leben erweckte, nicht

Paulus. Es geht aber um folgendes: Paulus war ein langatmiger, manchmal sogar langweiliger Prediger; im 1. Korintherbrief 2, 1 gibt er es sogar zu. Trotzdem diente er Gott dazu, die Kirche durch seine Predigten und Briefe auf Trab zu bringen, und weil er einen großen Teil des Neuen Testaments schrieb, lesen und studieren wir seine Predigten und Briefe auch heute noch.

Mich erinnert das an einen Mann und seine Frau aus einem kleinen Kuhkaff. Ich sollte die beiden zu Jugendmitarbeitern ausbilden. *Das schaffen die nie*, dachte ich. Klar, sie waren echt nette Leutchen. Sie glaubten fest und fröhlich an Jesus und wünschten sich sehnlichst, von ihm gebraucht zu werden, aber sie waren nicht gerade sehr helle, und schon gar nicht trendy. Sie waren kein bißchen *cool.* Und das war meiner Meinung nach für Jugendmitarbeiter lebenswichtig.

Aber ich lag total daneben! Große Redner wurden die beiden wirklich nie. Aber ich habe -zig Jugendliche kennengelernt, die durch die Liebe und das gute Vorbild dieses Paares total verändert worden sind.

Es geht nicht darum, wie talentiert oder cool wir sind. Es geht darum, ob wir bereit sind, durch uns seinen Willen geschehen zu lassen.

Selbst wenn du der langweiligste Redner der Welt bist!

Vers des Tages:

Nicht viele Weise nach dem Fleisch, nicht viele Mächtige, nicht viele Angesehene sind berufen. Sondern was töricht ist vor der Welt, das hat Gott erwählt, damit er die Weisen zuschanden mache; und was schwach ist vor der Welt, das hat Gott erwählt, damit er zuschanden mache, was stark ist.

1. Korinther 1, 26.27

Vorschlag:

In welchen Bereichen hältst du dich für schwach? Wovor hast du Angst? Vor vielen Menschen aufzustehen und zu erzählen, was Gott für dich bedeutet? Mit Freunden darüber zu reden, wie man ein Christ wird? Gott zu vertrauen, daß er Dinge schafft, die du allein nicht schaffen kannst? Diese Verse zeigen uns, daß wir Gott vertrauen lernen müssen, wenn uns die Dinge über den Kopf wachsen. Er wird unsere Schwächen zuverlässig in Stärken verwandeln.

Wie kannst du dich daran erinnern, ihm das nächste Mal zu vertrauen, wenn du in eine schlappe Lage gerätst? Schreib auf, was du dann unternehmen willst. (Hinweis: Wenn du die oben angegebenen Verse auswendig lernst, hast du einen ziemlich guten Anfang gemacht.)

Hey!

Hier noch eine Bibelstelle über Gottes Fähigkeit, a unseren Schwäche Stärken zu machen 2. Korinther 12, 9–10.

„Hau ab, Eddie!"

(Dave)

Es war Herbst, und ich ging in die achte Klasse. Wie das Leben so spielt: in diesem Jahr wurde ich an die Oberschule versetzt. Mir war klar, daß mir als „Baby" dort kein leichtes Leben bevorstand.

Aber ich schloß ein paar Freundschaften. Inzwischen war es November, und es ging mir einigermaßen – bis eines Morgens Eddie aufkreuzte. Ziemlich geknickt kam er über den Rasen geschlichen, aber als er mich sah, strahlte er, als hätte er einen lange verschollenen Bruder entdeckt.

Eddie war aus der gleichen Schule gekommen wie ich. Er war ein bläßlicher, ungelenker, schüchterner und langsamer Typ. Eigentlich konnte ich ihn nicht leiden, aber er hatte sich im Jahr davor ein wenig an meine Fersen geheftet, und ich hatte ihn geduldet.

Inzwischen sah das etwas anders aus. Hier, in der achten Klasse an einer anderen Schule kämpfte ich ums nackte Überleben, rein zugehörigkeitsmäßig natürlich. Ich hatte den Verdacht, daß Eddie mir dabei nicht gerade helfen würde.

Und so kam es. Drei Tage später entdeckte er mich in der Mittagspause. Meine neuen Freunde und ich saßen wie immer auf dem Rasen an der Mädchenturnhalle und bedienten uns aus unseren mitgebrachten Schultüten, als plötzlich Eddie auftauchte und sich neben mir niederließ. „Hallo", flüsterte er.

„Ach – hallo", sagte ich. Meine neuen Freunde beäugten mißtrauisch diesen linkischen Ankömmling. Seine Klamotten und sein ganzes Gehabe machten klar: das war der Dorftrottel vom Dienst.

Später fragte einer von meinen Freunden: „Wer ist denn dieser Trampel?"

„Welcher Trampel?"

„Du weißt schon welcher."

„Ach der. Bloß ein Typ, der letztes Jahr mit mir in der Schule war. Vergiß ihn."

„Gern – solange er uns nicht mehr bei der Mittagspause belästigt."

Er aß aber trotzdem mit uns – die ganze Woche lang, und auch die nächste. Eigentlich war uns allen klar, daß er die Absicht hatte, sich bei uns festzusetzen.

Daß er jetzt ständig bei uns herumschlich, war das letzte, was ich wollte. Er gefährdete meine harterkämpfte Stellung in dieser Clique, die ziemlich hip war. Aber eben diese Unsicherheit verlieh mir ein Gespür für Eddies Gefühle. Ich wollte ihn nicht bei uns haben, aber ich wollte ihn auch nicht in die Wüste schicken.

Als ich mich am nächsten Tag mit meiner Clique zum Essen hinsetzte, sagte einer von ihnen: „Wo ist dein Kumpel?"

„Der ist nicht mein Kumpel. Vielleicht ißt er heute woanders."

„Wird schon noch kommen. Hör zu, wir wollen, daß du ihn abschwirren läßt. Wir haben was dagegen, daß er sich bei uns festsetzt."

Und wer kam wohl genau in diesem Moment und schlich über den Rasen, als ob er Angst hätte, daß man mit Steinen nach ihm wirft?

„Da ist er ja", zischelte einer von den hippen Leuten. „Sag ihm jetzt, daß er anderswo essen gehen soll."

Das Gespräch verstummte, als Eddie sich setzte. Das Schweigen dauerte noch eine ganze Weile. Niemand würde etwas sagen, bis ich ihn losgeworden wäre. Also sah ich ihn zum ersten Mal an, seit er sich zu uns gesellt hatte, und das erste, was mir in den Sinn kam, war etwas, das Jesus gesagt hatte: *Selig sind die Barmherzigen, denn sie werden Barmherzigkeit erlangen.* Eddie lächelte auf seine schüchterne Art.

„Wie geht's?" fragte ich.

„Gut."

Ich biß von meinem Thunfischbrot ab. War es das wert? Nett sein war nicht mehr möglich. *Selig sind die Armen im Geiste, denn ihrer ist das Himmelreich.*

„Wie gefällt's dir an dieser Schule?" fragte ich.

„Ganz gut."

„Hast du – mhm – schon ein paar Freunde?"

„Ja – euch." Einer von meinen Freunden erstickte fast an seinem Kuchen.

„Ich meine, noch andere Freunde?“ Jemand neben mir sah mich an und nickte.

„Tja – glaub’ schon“, sagte Eddie. Jetzt war ihm klar, worauf ich hinauswollte. So etwas hatte er schon öfter durchgemacht. Das Lächeln war geblieben, irgendwie festgefroren, aber in seinen Augen spiegelten sich seine Gefühle. Ich fand, es sei Zeit für den Todesstoß.

„Gehst du in der Mittagspause auch schon mal zu denen?“

Er schüttelte den Kopf.

„Solltest du aber.“

Er sah nach unten und fingerte an seinem Brot herum. Meine Freunde hatten schweigend weitergegessen, ganz auf ihren Proviant konzentriert.

„Geh doch einfach jetzt mal rüber und leiste ihnen Gesellschaft“, sagte ich. Das war kein unverbindlicher Vorschlag. *Was ihr an einem meiner geringsten Brüder getan habt, das habt ihr an mir getan.*

Da stand Eddie auf. Er lächelte immer noch und zögerte ein bißchen, als hoffte er, ich würde gleich lachen und sagen: „War doch bloß ein Spaß, Eddie. Setz dich wieder hin, hier neben mich.“ Aber ich sagte nichts. Eddie drehte sich um und ging über den Rasen davon, die braune Tasche unter dem Arm.

Ich kann mich nicht erinnern, Eddie danach noch einmal gesehen zu haben. Wahrscheinlich duckte er sich jedesmal, wenn er mich sah. Sollte ich ihn aber wiedersehen, habe ich etwas wiedergutzumachen. Zum einen hat Eddie einen Tritt in meinen Hintern gut. Und zweitens muß ich mich bei ihm bedanken. Er hat mir mit seinem Leid eine Menge Gemeinheiten und einen Rausschmiß aus der In-Clique der Schule erspart.

Seit damals habe ich viele Leute kennengelernt. Manchen hätte ich nur auf die Füße zu treten brauchen, um zu kriegen, was ich wollte. Aber in all diesen Gesichtern sehe ich nach kurzem Nachdenken Eddies Augen, die um eine letzte Chance betteln und schon auf den Schlag warten. Jedesmal sterbe ich innerlich tausend Tode vor Scham über mein Verhalten. Und dann ist da noch diese leise Stimme: *Was ihr an einem meiner geringsten Brüder getan habt…*

Vers des Tages:

Seid aber untereinander freundlich und herzlich und vergebt einer dem andern, wie auch Gott euch vergeben hat in Christus.
Epheser 4, 32

Vorschlag:

Wir geben es ja nicht gern zu, aber wir alle kennen einen Eddie – Leute, zu denen wir gemein waren, oft auch, weil wir fürchten, unser Ansehen zu verlieren. Wie heißt der „Eddie" in deinem Leben? Denke an ein oder zwei Leute, um die du dich hättest kümmern sollen, die du aber im Stich gelassen hast. Was kannst du heute tun, damit es ihnen besser geht? Denke dir etwas Konkretes aus und tu, was dir eingefallen ist.

Hey!

Jemanden schlecht zu behandeln, ist nicht cool. Du schadest damit dir selbst übrigens am meisten! Lies Matthäus 25, 34–46.

Der frommste Hund der Welt

Ich wuchs in dem Glauben auf, daß man ein guter Christ ist, wenn man nicht raucht, nicht trinkt, nicht in die Disco geht, nicht Karten spielt, nicht tanzt und schon gar nicht mit Leuten Umgang hat, die solche Dinge tun.

Als ich eines Tages auf der Terrasse saß, kam Ralph vorbei, unser Collie. Da traf mich wie ein Schlag die Erkenntnis: Ralph raucht und trinkt nicht, geht nicht in die Disco, tanzt nicht und spielt keine Karten! Wir ließen auch nicht zu, daß Ralph mit anderen Hunden herumhing, die so etwas taten.

Nach meiner Logik war Ralph also ein weit besserer Christ als

ich! Die besten Christen auf der ganzen Welt müssen wohl Schaufensterpuppen im Kaufhaus sein – sie tun überhaupt nichts.

Diese Denkweise mußte wohl einen Haken haben. Später ging mir die Wahrheit auf: Ein Christ zeichnet sich nicht dadurch aus, daß er Dinge nicht tut. Im Gegenteil: Christsein ist total aktiv. Die Dinge, die man tut, machen den Unterschied. Diese Erkenntnis veränderte meine Sichtweise. Statt auf die Versuchungen des Lebens ängstlich zu reagieren: *Ich kann das nicht tun, weil die Gebote es verbieten,* konnte ich jetzt ehrlichen Herzens sagen: *Ich tue das nicht, sondern etwas anderes, das besser ist als das.*

Merkst du den Unterschied? Jeder kann eine Gesetzessammlung auswendig lernen. Aber wenn man lediglich all diese Dinge nicht tut, dann handelt man passiv – man reagiert, statt zu agieren! Und das aus einem Grund: weil man keinen Ärger haben will. Sobald man erkennt, daß man das eine oder andere Gesetz brechen kann, ohne Ärger zu bekommen (wenigstens nicht sofort), dann gibt es keinen Grund mehr, es einzuhalten. Wenn man andererseits auf Gottes Liebe eingeht, indem man so lebt, wie es ihm gefällt, dann entscheidet man aktiv im Einklang mit seinen Werten, als ob es gar keine Gesetze geben würde.

Aus dem „Ich darf nicht" wird ein „Das habe ich nicht nötig".

Was für eine Freiheit! Zu gehorchen, nicht etwa, weil man muß, sondern weil man will! Ralph war ja bloß ein Hund. Egal, wie viele Zigaretten er nicht rauchte, wie viele böse Hunde er mied – mit seinem Leben beeinflußte er nichts Wichtiges. Wir Menschen können das schon.

Du auch?

Vers des Tages:

Darum: ist jemand in Christus, so ist er eine neue Kreatur; das Alte ist vergangen, siehe, Neues ist geworden.
2. Korinther 5, 17

Vorschlag:

Denke einmal über die folgenden Fragen nach:
Lebst du so, daß jede Tat nur eine Reaktion auf Gesetze ist, die andere für dich aufgestellt haben? Oder hast du zugelassen, daß Gottes Liebe dich dazu motiviert, ihm und anderen Menschen aktiv deine Liebe zu beweisen und nach seinen Maßstäben zu leben? Im ersten Johannesbrief 4, 19 steht: „Wir lieben ihn, weil er uns zuerst geliebt hat."
Wenn du darüber nachdenkst, was Gott für dich getan hat: wie könntest du deine Liebe für ihn mit deinem Leben zeigen?

Hey!

Hast du schon einmal diesen ersten Schritt getan und Jesus Christus gebeten, in dein Leben zu kommen? Wenn nicht, lies Joh. 3, 16–21.

„Ist da sonst noch wer?“

Ein Mann wanderte eines Tages durch eine Gebirgslandschaft. Da kam er zum Rand einer hohen, steilen Klippe, von der aus man meilenweit sehen konnte. Der Tag war klar, und er blieb eine Weile am Abhang stehen, um vom Wandern auszuruhen und den Blick zu genießen. Plötzlich gab das Geröll an der Kante unter seinen Füßen nach, und er stürzte ab.

Glücklicherweise konnte er im Sturz noch den Ast eines kleinen Baums fassen, der am felsigen Abhang wuchs. Aber als er nach oben sah, wurde ihm klar, daß er keine Chance hatte, allein nach oben zu klettern.

Er brauchte Hilfe. Obwohl er oben niemanden gesehen hatte, schrie er: „Hilfe! Kann mir jemand helfen?“

Stellt euch seine Überraschung vor, als eine tiefe, ehrfurchtgebietende Stimme von ganz oben antwortete: „Ich werde dir helfen.“

Aber beim Blick nach oben sah er niemand. „Wer sind Sie?“ rief er.

Darauf die Stimme: „Ich bin Gott, und ich werde dir helfen.“

„Wirf mir ein Seil runter!“ schrie der Mann.

„Ich habe kein Seil“, erwiderte Gott.

„Wie willst du mir helfen, wenn du kein Seil hast?“ rief der Mann enttäuscht.

„Vertraust du mir?“ fragte Gott mit Donnerstimme.

Hab' ich vielleicht eine Wahl? dachte der Mann, rief aber zurück: „Ja, ich vertraue dir!“

„Vertraust du mir *wirklich*?“ fragte Gott nochmals.

„Ja, ich vertraue dir wirklich – aber beeil dich bitte. Ich kann mich nicht mehr lange halten!“

„Wenn du mir wirklich vertraust“, sagte Gott, „dann laß den Ast los!“

Der Mann blieb einen Moment lang stumm, und dann brach es aus ihm heraus: „Ist vielleicht *sonst* noch jemand da oben?“

Witzige Geschichte. Wir lachen über die Frechheit des Mannes, der es wagt, nach einer anderen Möglichkeit zu forschen, nachdem Gott ihm doch unmißverständlich gesagt hat, was er tun solle.

Denk aber mal nach. Wir benehmen uns doch immer wieder genauso.

Gott sagt uns, wie wir in der Familie zum größten Glück gelangen können: wenn Mann und Frau ein Leben lang zusammenbleiben und die Kinder ihre Eltern respektieren und ihnen gehorchen. Aber wir verzerren seinen Plan, weil wir glauben, daß wir auf andere Weise mehr Glück haben. Und damit tun wir uns selbst unendlich weh.

Gott sagt uns, wie wir auf sexuellem Gebiet zum größten Glück gelangen: wenn wir bis zur Ehe warten und dann mit einem Partner das Reich des Sex erforschen. Aber wir entschließen uns, es auf andere Art vielleicht besser zu treffen, und warten nicht. Und wieder einmal tun wir uns selbst weh.

Gott sagt, wir sollen uns nicht betrinken. Wir glauben, daß wir es besser wissen, also fangen wir mit Alkohol und Drogen an. Und damit zerstören wir uns selbst.

Gott bietet uns seine Rettung an – nicht mit einem Seil, sondern mit dem Blut seines Sohnes. Und wir wenden uns ab und wollen die Rettung durch unsere Freunde, durch den Beruf, durch unser Vergnügen erlangen – eben durch eigene Leistungen.

Und jedesmal, wenn wir Gottes Hilfe ausschlagen, benehmen wir uns genauso idiotisch wie der Mann an seinem dünnen Ast. Gottes Rat war ihm vielleicht nicht besonders klug vorgekommen, wie er da hing, aber – schließlich ist Gott der Erfinder vom Menschen, steilen Klippen und Sex. Er weiß am besten, was richtig ist.

Vers des Tages:

Siehe, Gott ist mein Heil, ich bin sicher und fürchte mich nicht. Denn Gott der Herr ist meine Stärke und mein Lied und ist mein Heil.
Jesaja 12, 2

Vorschlag:

Nur du kennst die Bereiche deines Lebens, wo Gott von dir erwartet, daß du die eigenen Sicherheiten fallenläßt und ihm das Kommando übergibst. Vertraue ihm heute in einem solchen Bereich. Und keine Angst, Gott hat den ganzen Kram erfunden. Er weiß, wie's funktioniert. Lies die „Gebrauchsanweisung" – die Bibel –, und dann laß den Ast los!

Hey!

Willst du wissen, wie sehr David, der Psalmist, Gott vertraut hat? Lies Psalm 18, 1–3.

Noch neunzig Tage

Vor einigen Jahren lernte ich einen jungen Mann kennen, der total anders war als alle anderen. Er hieß Mike O'Hara und war Anfang Zwanzig. Er hatte Knochenkrebs im Endstadium. Aber das war nicht das Ungewöhnliche an ihm. Es war seine Einstellung zum Leben und zum Tod, über die ich staunte.

Sein Humor war verblüffend. Kurz nach dem Verlust aller Haare (durch die Chemotherapie) zum Beispiel ging Mike auf eine Faschingsparty, verkleidet als ein Deoroller. Sein kahler Kopf war die Roll-on-Kugel.

Trotz seines Humors war mir in Mikes Gegenwart immer etwas unwohl, weil ich mir ständig bewußt war, daß er nur noch ein paar Monate zu leben hatte. Eines Tages, als wir zusammen essen waren, fiel Mike meine Gezwungenheit auf.

„Was ist los mit dir?" fragte er. „Glaubst du, das ist anstekkend?" Er zeigte auf seine spiegelblanke Glatze.

Als meine Antwort ausblieb, lachte er und rieb sich mit den Händen am Kopf. Dann beugte er sich plötzlich vor und strich mir über das Haar. „Es ist tatsächlich ansteckend!" brüllte er. Jetzt schauten alle im Restaurant uns zu.

„Ich weiß, warum du so nervös bist", fuhr er ruhiger fort. „Weil ich bald sterbe, stimmt's?"

Sein Gesicht verschwamm vor meinen Augen, weil mir die Tränen kamen, und ich nickte. Zum Sprechen war ich viel zu überwältigt.

Dann sagte Mike etwas, das ich nie vergessen werde. Er beugte sich vor und flüsterte: „Ken, wir sterben beide. Der einzige Unterschied zwischen uns ist, daß Gott mir verraten hat, wann. Wir könnten aus diesem Restaurant kommen, und du wirst von einem VW-Käfer angefahren und kommst eher in den Himmel als ich.

Hab' keine Angst vor dem Sterben, Ken. Wir sind Christen. Wir haben nichts zu verlieren!"

Vers des Tages:

Denn Christus ist mein Leben, und Sterben ist mein Gewinn.
Philipper 1, 21

Hey!

In Matthäus 6, 19.20 siehst du, warum Mike wußte, was ihm bevorstand. Lies nach – und dann lies weiter, was mit Mike geschah.

Zum Nachdenken:

Nicht lange nach unserem Essen starb Mike. Aber nicht so richtig. Er machte auf Erden seinen letzten Atemzug – und als er das nächste Mal atmete, war er schon bei Jesus.
Oft vernachlässigen wir deshalb die wichtigen Dinge im Leben, weil wir uns gern mit dem Gedanken betrügen, daß unser Leben nie zu Ende geht. Warum sich also über so etwas Unschönes wie den Tod Gedanken machen? Der nächste Tag ist auch noch gut genug.
Niemand denkt gern an sein Lebensende. Besonders Teenager nicht. Wenn es aber stimmt, was Gott gesagt hat, dann bietet das Leben wunderbare Chancen, Dinge zu tun, die für ewig zählen.
Wenn du wüßtest, daß du nur begrenzte Zeit zum Leben hast, würde sich dann dein Lebensstil vom jetzigen unterscheiden? Welche Beziehungen würdest du pflegen? Bei wem würdest du dich entschuldigen? Wofür würdest du in der kurzen Frist, die dir bleibt, Zeit und Energie opfern?
Mike hatte recht: Jeder von uns hat nur eine begrenzte Lebenszeit. Und keiner von uns weiß genau, wie lange dieser Zeitraum dauert. Heute wäre der richtige Tag, mit den Veränderungen anzufangen, die ich eben angedeutet habe. Dafür ist es nicht zu spät.

Wenn Prinzen niederknien

(Dave)

Der peinlichste Augenblick meines Lebens? Da gibt es so viele, daß es mir schwerfällt, einen hervorzuheben, aber hier ist einer, der zur Spitzengruppe gehört:

Stell dir eine Rollschuhparty der Gemeindejugend vor – ich mittendrin, vierzehnjährig, etwa zwei Schritt hinter meiner damaligen Flamme. Ich fühle mich untypischerweise draufgängerisch (mein Pullover hat keine Mottenlöcher), lege einen Zahn zu und berühre ihren Arm, um neben ihr laufen zu können (oh, wie ungeheuer mutig!). „Hallo“, sage ich.

Sie dreht langsam ihren Kopf, schenkt mir ein winziges Lächeln, und ich vergehe in diesen schönen braunen Augen. Rumms! Schon rutsche ich auf der Nase über den glatten Betonboden. Unsere Rollschuhe hatten sich berührt, und voller Eleganz war ich ins Stolpern geraten.

Durch den Knoten meiner Beine hindurch sehe ich, wie sie mich beim Umdrehen auslacht und anmutig hinwegschwebt.

Terry, ein Oberstufenschüler, den ich kannte, rollt gerade jetzt vorbei, im Arm ein hübsches Mädchen, seine Verlobte. „Aha!“ kichert er und winkt mir zu. „Hab’ die ganze Zeit zugesehen, du toller Hecht.“

Wie? Das ist schon alles? Klingt nicht gerade ungeheuerlich. Warum war das bloß so peinlich?

War es auch nicht – weder für Terry noch für seine Verlobte, die schließlich etwas anderes im Sinn hatten und zweifellos Sekunden später meinen kleinen Ausrutscher vergessen hatten. Auch für Kathy nicht, das Mädchen, hinter dem ich her war, die sich vielleicht auf meine Kosten amüsiert hatte.

Für mich aber war das alles ein Alptraum. Ich war verliebt gewesen, hatte einen Annäherungsversuch gemacht und mich dabei vor den Augen aller Welt wie ein Idiot benommen. Noch bevor ich mit heißen Ohren auf die Beine kam und wieder loslief, als wäre nie etwas gewesen, hatte mich wie ein Blitz die Frage durchzuckt: *Hat sie das absichtlich gemacht? Bestimmt – und alle haben es mitgekriegt!*

Ich konnte diese Nacht nicht schlafen. Ich spielte die Szene immer und immer wieder in Gedanken durch, und jedesmal wurde es schlimmer. Mein Gesicht glühte noch tagelang. Ich konnte mich kaum noch konzentrieren. Ich versagte im Unterricht. Mit Kathy konnte ich kein Wort reden, sie nicht mal ansehen.

Bei diesem Sturz war zu viel von meinem Ego auf der Betonfahrbahn abgeschürft worden. Ich zweifelte sowieso an der Eleganz meiner Bewegungen und daran, daß ich bei Mädchen Chancen hatte. Da war nur noch diese Abfuhr (zufällig oder absichtlich – ich habe nie gefragt, ob sie nachgeholfen hatte) und der Sturz nötig, um mich zu überzeugen, daß ich ein totaler Versager war.

Es dauerte mindestens einen Monat, bis ich schließlich meinte, die anderen hätten die Sache entweder vergessen oder gar nicht erst bemerkt und daß die Leute mich nicht heimlich auslachten.

Und das wegen so einer Kleinigkeit? Warum hat es mir so viel ausgemacht, warum erinnere ich mich Jahre später noch so genau daran? Weil schwaches Selbstvertrauen so typisch für das Teenageralter ist und sich so qualvoll auswirken kann. Aller Wahrscheinlichkeit nach hast auch du schon mal so eine ähnliche Erfahrung wie ich gemacht – irgendein kleiner Fehler oder eine beiläufige Bemerkung, die dir so fuchtbar vorkommt, daß es Stunden, Tage, ja Wochen dauert, bis du nicht mehr deprimiert und unglücklich darüber bist.

Diese Phase mit schwachem Selbstvertrauen wirst du überleben! Wahrscheinlich hat sie auch ihr Gutes, obwohl man es sich nicht vorstellen kann, wenn man allein, deprimiert, gelangweilt, wütend und planlos in seinem Zimmer sitzt.

Denk dran: du bist nicht der oder die einzige. Es dauert nicht ewig. Und es gibt Möglichkeiten, den Schmerz zu lindern und schon jetzt das Leben angenehmer zu gestalten.

Ich wünschte, ich hätte mich beim Sturz auf der Rollschuhbahn daran erinnert, daß ich ein Königskind bin und mich nicht zu schämen brauche.

Vers des Tages:

Denn wir sind sein Werk, geschaffen in Christus Jesus zu guten Werken, die Gott zuvor bereitet hat, daß wir darin wandeln sollen.
Epheser 2, 10

Vorschlag:

„Denn wir sind Gottes Werk", steht im Vers für heute. Weißt du, was im 1. Buch Mose, Kapitel 1 über Gottes Werk steht? „Und Gott sah, daß es gut war." Was ist gut daran, wie Gott dich geschaffen hat? Es gibt mit Sicherheit viele gute Eigenschaften an dir, also mache dir eine Liste davon.

Hey!

Willst du herausfinden, mit wieviel Sorgfalt Gott dich geschaffen hat, um diese guten Werke zu tun? Lies Psalm 139, 13–16.

Und wenn die Liste nicht lang wird, dann deshalb, weil dir noch nicht klar ist, was alles an Gutem in dir steckt. Bete doch mal darum, daß Gott dir Seiten an dir zeigt, die du noch nicht entdeckt hast – das, was Gott geschaffen hat, um alle guten Werke zu verwirklichen, die er dir zugedacht hat.

Sprachprobleme

Meine Tochter Taryn kam mit neuem Outfit ins Zimmer gestürmt. „Wie findest du das Kleid?“ fragte sie.

In meinen mehr als vierzig Lebensjahren habe ich gelernt, daß *diese* Frage, besonders aus dem Mund meiner Frau oder Tochter, es in sich hat und beim ersten Versuch fast unmöglich richtig beantwortet werden kann. An diesem speziellen Tag war meine erste Reaktion ein Reinfall.

„Ganz o.k.“, antwortete ich und meinte damit, daß ich es praktisch fand, anständig genug und auch schön.

„Du magst es nicht!“ schmollte sie. Ihrem Verständnis nach sagte man „o.k.“ zu jemandem, mit dem man das Gespräch – und die Beziehung – nicht mehr weiterführen wollte. So zum Beispiel: „O.k.! Mach, was du willst!“

Um ihr klarzumachen, daß ich ihr Kleid wirklich gut fand, mußte ich Worte wählen, die *sie* als Kompliment verstand: „Ein turbomäßiges Kleid, Taryn, und du siehst darin einfach tierisch aus.“

Hör auf zu grinsen. Wenn man über vierzig ist, klappt es nicht mehr so mit der Teenagersprache. Wenigstens hab’ ich es von Herzen gut gemeint, und Taryn bedachte mich mit Anerkennung. „Danke!“ sagte sie und lief strahlend aus dem Zimmer.

Ehrlich, ich will damit nicht sagen, daß Teenager kein normales Deutsch verstehen. Wir alle, und zwar in jeder Altersstufe, haben nähere sprachliche Erklärungen nötig, weil der gleiche Satz bei zwei verschiedenen Menschen oft genug Verschiedenes bedeuten kann. Wenn ich meiner Frau sagen will, daß ihr Antlitz die Zeit stillstehen läßt, darf ich das nicht so ausdrücken: „Liebling, du hast ein Gesicht, mit dem man eine Uhr anhalten könnte.“ Das gibt Probleme, so gut meine Absicht auch gewesen sein mochte.

Gott ist mit diesen Sprachproblemen wohl vertraut. Er weiß, daß wir ihn nie verstehen könnten, wenn er aus einer riesigen Gewitterwolke Blitze schleudern und mit Donnerstimme „ICH LIEBE EUCH!“ brüllen würde. Wir würden uns nicht geliebt fühlen. Wir würden uns wahnsinnig erschrecken. Also hat er uns seinen Sohn Jesus gesandt, der auf die Erde kam, unter den Menschen lebte und mit einfachen Worten von Gottes Liebe für uns und seinen Absichten erzählte. Hinter jedem Wort stand er mit seinem Leben.

Der Apostel Paulus predigte und lebte auch so, wie seine Worte im Vers des heutigen Tages zeigen.

Was hat all das mit dir zu tun? Nicht viel – außer, du willst deine Freunde und Angehörigen mit der Botschaft von Gottes Liebe bekanntmachen. In diesem Fall mußt du ihre Sprache sprechen lernen.

Vers des Tages:

Ich bin allen alles geworden, damit ich auf alle Weise einige rette.
1. Korinther 9, 22

Hey!

Lies Apostelgeschichte 17, 16–34. Wie kleidet Paulus seine Botschaft ein, damit sie das Ohr seiner Zuhörer erreicht?

Vorschlag:

Wenn du einem fremden Volksstamm die Gute Nachricht nahebringen wolltest, müßtest du ihre Sprache und Kultur kennenlernen und dich dann so mit ihnen unterhalten, daß sie es verstehen. Wenn du versuchst, deinen Freunden und Angehörigen von Gottes Liebe zu erzählen, könnten dir folgende Vorschläge helfen, die Gute Nachricht in *ihrer* Sprache zu vermitteln:

1. Höre ihnen genau zu, wenn sie etwas sagen.
2. Frage so lange nach, bis du genau verstanden hast, was sie meinen. Beweise ihnen dein Interesse.
3. Wirf nicht mit „kanaanäisch" klingenden Ausdrücken herum (kein normaler Mensch weiß, was „die Gnadentat Jesu" oder die „Taufe im Geist" sein soll!).

4. Achte darauf, daß du mit deinem Leben hinter allem stehst, was du sagst. Sonst kann es passieren, daß deine Worte nicht besonders viel zählen!

Die schwierigste Frage der Welt

Was ist die schwierigste Frage für die Christen von heute? Ich finde, es ist die gleiche Frage, die sich seit Adam und Eva im Garten Eden alle Christen stellen.

Jedenfalls kann ich kaum mehr überschauen, wie viele Teenager und Erwachsene schon zu mir gekommen sind und sagten: „Ken, ich stehe vor einer schweren Entscheidung und weiß nicht, was ich tun soll, weil ich Gottes Willen für mein Leben nicht kenne. Immer wieder habe ich versucht herauszufinden, was er von mir erwartet, aber ich weiß es immer noch nicht!"

Wie entscheiden wir, du und ich, über solche Dinge wie die Ehe, so lange wir Gottes Willen in dieser Sache nicht kennen? Über die Berufswahl? Welche Leistungskurse wir in der Schule nehmen sollen? Welche Beziehungen wir anfangen sollen? Wo wir studieren sollen?

Manchmal frage ich mich, ob nicht der Teufel selbst diese Verwirrung über Gottes Willen angezettelt hat. Er hätte sich keine bessere Methode ausdenken können, uns zu lähmen! Solange wir keine Klarheit haben, was Gott von uns will, können wir keine Entscheidungen treffen. Dann werden wir sauer auf Gott, weil wir uns vorstellen, daß er irgendwo da oben im Kosmos sitzt und kichernd auf uns niederblickt: „Ich habe einen vollkommenen Plan für dich, aber du kennst ihn nicht! Hihihihihi!"

Zum Glück sieht das unserem Gott gar nicht ähnlich. Wir können Gottes Willen erfahren. Paulus sagt in Römer 12, 1 und 2, wie das geht:

Ich ermahne euch nun, liebe Brüder, durch die Barmherzigkeit Gottes, daß ihr eure Leiber hingebt als ein Opfer, das lebendig, heilig und Gott wohlgefällig ist. Das sei euer vernünftiger Gottesdienst. Und stellt euch nicht dieser Welt gleich, sondern ändert euch durch Erneuerung eures Sinnes, damit ihr prüfen könnt, was Gottes Wille ist, nämlich das Gute und Wohlgefällige und Vollkommene.

In diesen beiden Versen erklärt Paulus es uns wie mit einer Formel. Ich erfahre Gottes Willen für mein Leben, wenn ich:

1. Gott „meinen Leib als lebendiges Opfer hingebe“ (mich also auch körperlich von ihm leiten lasse),
2. Gott meinen Willen gebe, indem ich ihm die Herrschaft über mein Leben überlasse und
3. Gott meinen Sinn (also meine Gedanken, Träume und Absichten) gebe, damit er „rein bleibt und mit seinem Wort gesättigt wird“.

Haltet euch daran, sagt Paulus in Römer 12, 1 und 2, und ihr lernt zu erfahren, was Gottes Wille ist – sein guter, wohlgefälliger und vollkommener Wille.

Dieser Gedankengang ist so wichtig, daß wir ihm die vier nächsten Tageskapitel widmen. Wir hoffen, daß es dir hilft. Was ist schließlich wichtiger, als Gottes Willen zu kennen?

Vers des Tages:

Und die Welt vergeht mit ihrer Lust; wer aber den Willen Gottes tut, der bleibt in Ewigkeit.

1. Johannesbrief 2, 17

Hey!

Es wäre eine gute Sache, den Rest von Römer 12 zu lesen – fang mit den Versen 1 und 2 an, die wir vorhin zitiert haben. Starker Text!

Vorschlag:

Was sind die wesentlichen Fragen, die du dir zu Gottes Willen stellst? Weitreichende Entscheidungen wie Beruf oder Ehepartner? Alltagsthemen wie Frisur oder Ohrring – ja oder nein? Schreibe dir als Vorbereitung für die nächsten paar Tage deine hauptsächlichen Fragen auf. Ich will nicht behaupten, daß du am Ende der Woche alle Antworten darauf kennst, aber ein paar wichtige Einsichten wirst du schon bekommen, die diese Fragen in ein neues Licht rücken!

Gott und dein Körper

Als ersten Schritt, Gottes Willen zu erfahren, mußt du Gott „deinen Leib als lebendiges Opfer“ geben. Das steht in Römer 12,1.

Stelle dir folgendes Gespräch vor. Ein junger Mann kommt stolz aus der Jugendveranstaltung heraus und sagt: „Ich habe mein Leben Gott übergeben.“

„Das ist ja schön. Aber was hast du ihm denn da gegeben?“

„Mein Leben.“

„Aber was ist das, dein Leben?“

Pause. „Ist doch klar.“ Noch eine Pause. „Mein Leben eben.“

Leben ist ein hübscher, allgemeiner Begriff. Eigentlich zu allgemein. Was verändert sich, wenn man sein Leben Gott gibt? Was heißt das?

Gehen wir der Sache auf den Grund.

Dein Leben ist verpackt in eine Hülle, die du sehr gut kennst, und diese Hülle ist dein Körper. Solange du in allgemeinen Begriffen redest, zum Beispiel das Wort „Leben“ verwendest, kannst du leicht darüber hinwegsehen, daß all das, was wir Tag für Tag mit unserem Körper tun, Gott nicht gefallen könnte. Es paßt vielleicht überhaupt nicht zu jemandem, der sein „Leben“ Gott gegeben hat.

Der Apostel Paulus hat solche Mißverständnisse gar nicht erst aufkommen lassen. In einem Brief an die Christen in Rom brachte er die Sache auf den Punkt: „Ich ermahne euch, Brüder... euren Leib Gott hinzugeben.“ Den Körper also.

Kennst du dieses alte Sonntagsschullied: „Paß auf, kleines Auge, was Du siehst . . . “? Abgesehen davon, daß es viel Schaden angerichtet hat, weil es das Gefühl vermittelt, Gott sitzt im Himmel und lauert auf jeden unserer Fehler, kommt hier ganz gut zum Ausdruck, was das heißt, den Körper Gott hinzugeben. Aber naja, mit etwa zwölf Jahren hört man sowieso auf zu singen. Wir sind zu cool dazu. Lieber spielen wir mit dem abstrakten Begriff der „Lebensübergabe“ an Gott, weil wir dann nicht mehr überlegen müssen, was unsere Hände tun, die Augen sehen und die Ohren hören.

Fühlst du dich wirklich Christus verpflichtet? Willst du Erfahrungen machen, die dein Leben positiv verändern? Geh doch heute mal mit diesem Kinderlied in den Tag:

„Paß auf, kleine Hand…“

Sing lieber nicht zu laut, sonst kommt einer und holt dich ab. Wenn du es aber leise vor dich hin singst, wird dir etwas klar, was schon immer wahr gewesen ist: Gott weiß in jedem Augenblick, was wir mit unseren Augen, Händen, Füßen und allen anderen Körperteilen tun – nicht, damit wir uns schuldig fühlen, sondern weil er alle diese Körperteile gebrauchen will, damit unser Leben und das anderer Menschen positiv verändert wird.

Wie möchtest du heute deine Körperteile dazu einsetzen?

Vers des Tages:

Gebt nicht der Sünde eure Glieder hin als Waffen der Ungerechtigkeit, sondern gebt euch selbst Gott hin, als solche, die tot waren und nun lebendig sind, und eure Glieder Gott als Waffen der Gerechtigkeit.
Römer 6, 13

Vorschlag:

Such dir einfach ein paar Körperteile aus – vielleicht die Augen oder Hände oder Ohren oder Füße. (Oder *sonstwas*. Es ist dein Körper, also braucht dir das, was du aussuchst, nicht peinlich zu sein.) Wenn du nun durch den Tag gehst, mach dir Gedanken darüber, dieses Stück von dir besonders einzusetzen oder zu behandeln. Denk daran, daß jedes einzelne Gott geweiht ist. Wenn diese Übung dich nicht herausfordert, dann bist du wohl nicht besonders aufmerksam gewesen!
Morgen machen wir mit der Untersuchung weiter, was Paulus uns aufgibt, damit wir Gottes Willen herausfinden.

Hey!

Lies die folgenden Verse und finde heraus, wie Gott über deinen Körper denkt: 1. Korinther 3, 16–17.

Lebendige Opfer

Macht irgendwie keinen Sinn, oder? *Lebendiges* Opfer. Klingt wie „Elefantenmaus". Oder „schön häßlich". Wörter, die einfach nicht zusammenpassen können. Da fallen mir noch ein paar ein:

„Du lieber Schreck."
„Schulfernsehen."
„Militärische Intelligenz".

Denken wir mal nach. Es gibt nicht viele Schafe, die vom Opferfest wieder zurückgekommen sind. Wie hätte so eins sich wohl geäußert? „Ich war letzten Abend beim Opferfest. Die haben mich ausgesucht. Gut, ich fühle mich ein bißchen ausgebrannt, aber davon abgesehen ..."

Wenn aber Paulus uns in Römer 12, 2 auffordert, Gott unseren Leib als *lebendiges Opfer* darzubringen, meint er genau das. Gott will kein totes Opfer. Tote Opfer machen ihm keine Freude mehr, weil er schon seinen Sohn sandte, der für unsere Sünden gezahlt hat. Was er möchte, ist unser lebendiger Leib, ihm geweiht. Ein lebendiges Opfer.

Lebendige Opfer sind ein Risiko, denn wenn sie Lust dazu haben, können sie vom Altar herunterklettern. Gott bindet die Menschen nicht fest. Er spricht kein Machtwort: „Das ist jetzt deine Aufgabe, und du bleibst hier!"

Ein lebendiges Opfer beschließt in eigener Sache und aus dem eigenen Herzen heraus, dem Herrn geweiht zu bleiben. Mit jedem Teil seines Wesens gehört es zu Gott, weil es das *will.* Oder es entschließt sich auszureißen. Weil es ein *lebendiges Opfer* ist, trifft es selbst die Entscheidung.

Und wenn sich dem lebendigen Opfer die Chance zu sündigen bietet, sagt es nicht: „Kann ich nicht – das verbietet mir meine Religion." Es sagt: „Nein, so will ich nicht leben. Und zwar deshalb nicht, weil ich zu Gott gehöre."

So fängt man an, Gottes Willen kennenzulernen. Wenn wir wirklich lebendige Opfer sind, dann stimmt unser eigener Wille mehr und mehr mit Gottes Willen überein. Gottes Wille ist mehr für uns als ein ungebetenes Gesetzeswerk oder aufgezwungene Anweisungen. Er ist nicht etwa eine schlechte Straßenkarte des Lebens, über die wir bei jeder Kurve meckern müßten. Wenn wir lebendige Opfer sind, sind die Entscheidungen, die Gott von uns möchte, unsere eigenen Entscheidungen. Wir haben eigene Gründe dafür. Sie entstehen aus unserem freien Willen.

So ist das mit lebendigen Opfern.

Bist du schon so weit? Ich auch nicht! Aber die nächsten paar Tage werden uns Hilfe bringen. Wir machen ja weiter mit Römer 12, 1 und 2.

Vers des Tages:

Denn Gott ist's, der in euch wirkt beides, das Wollen und das Vollbringen, nach seinem Wohlgefallen.
Philipper 2, 13

Zum Nachdenken:

In welcher Hinsicht geht dein Christsein über ein totes Gesetzeswerk hinaus? Wie kannst du deinen Platz finden in dem neuen Leben, das Jesu Tod und Auferstehung möglich gemacht haben, so daß du zwar ein „Opfer“ bleibst, aber durch *Lebendigkeit* auffällst?

Hey!

Lies Römer 6, 4. Nach diesem Vers hat es uns Christi Auferstehung erst möglich gemacht, statt toten Opfern lebendige zu sein.

Deine eigene Form

„Und stellt euch nicht dieser Welt gleich", sagt Paulus in Römer 12, 2. Mit anderen Worten: Laß dich von der Welt nicht in ihre Form zwängen. Darum geht es beim zweiten Schritt auf dem Weg zu erfahren, was Gottes Wille ist: Dein Ziel zu bestimmen. Für mich ist das Ziel meines Lebens, Jesus nachzufolgen, ihm ähnlicher zu werden. Ich will lieber Gottes Weg als meinen eigenen Weg gehen.

Viele Jahre lang war meine Arbeit vorwiegend ein Mittel, um Anerkennung zu bekommen. Und weil meine Motive so schwach waren, stand meine Aufrichtigkeit auf wackligen Füßen. Ich bot ein ganz bestimmtes Bild in Gegenwart der Menschen, denen ich predigte, aber bei anderen Gelegenheiten gab ich ein ganz anderes Bild ab. In den letzten Jahren habe ich ein Ziel ins Auge gefaßt: das zu werden, was Gott mit mir im Sinn hat!

„Klar", wirst du sagen, „du hast gut reden! Schließlich ist dein Leben ganz schön aufregend."

Du kannst mir glauben oder nicht, aber wenn Gott mich morgen auf ein Missionsfeld berufen würde, wo es gar nichts gibt – kein Applaus, keine Ehrungen, kein Geld, kein Lachen –, dann wäre ich bereit dazu. Ehrlich. In meiner Familie haben wir oft über diese Möglichkeit gesprochen, und wenn Gott uns in diese Richtung berufen will, erfährst du eines Tages vielleicht, daß dieser Entschluß Wirklichkeit wurde.

Mein Ziel ist weder die Unterhaltungskunst, noch will ich ein berühmter Prediger werden. Mein Ziel besteht darin, dem lebendigen Gott da zu dienen, wo er mich hinstellt. Ich habe das Ziel, Christus nachzufolgen. Ich will, daß mein Leben von früh bis spät als Beweis dafür herhalten kann. Für jemand, der sich „der Welt gleichstellt" – viel Geld verdient, Karriere macht, sich ohne Rücksicht auf andere durchboxt –, muß dieses Ziel schön blöde aussehen. Das ist mir aber egal, weil ich aufgehört habe, Leute beeindrucken zu wollen, als ich mich für das Leben mit Gott entschied.

Hier kommt ein Satz, den du für immer aus deinem Vokabular

verbannen solltest: „Was wohl meine Freunde davon halten werden?“

Woche für Woche lerne ich Jugendliche kennen, die sich nie für ein Leben unter Gottes Führung entschieden haben, weil sie Angst davor hatten, was ihre Freunde dazu sagen würden. Außerdem habe ich welche getroffen, die zwar Jesus als persönlichen Erlöser angenommen hatten, aber so weiterleben, als gäbe es ihn überhaupt nicht. All diesen Jugendlichen ruft Paulus nicht hinterher: „Ihr ätzenden Schleimer – warum seid ihr bloß solche Schlappschwänze?“

Paulus sagt ganz einfach: „Laßt euch nicht von der Welt in ihre Form zwängen. Macht es zu eurem Ziel, Jesus nachzufolgen, und laßt euch nicht beirren.“

Der zweite Schritt dazu, Gottes Willen für dein Leben zu erfahren, ist die Bestimmung deines Ziels. Und dein Ziel sollte nicht sein, dem Druck deiner Mitmenschen oder Umstände nachzugeben, sondern vielmehr, Jesus nachzufolgen.

Vers des Tages:

Wohl dem, der nicht wandelt im Rat der Gottlosen noch tritt auf den Weg der Sünder noch sitzt, wo die Spötter sitzen, sondern hat Lust am Gesetz des Herrn und sinnt über seinem Gesetz Tag und Nacht! Der ist wie ein Baum, gepflanzt an den Wasserbächen, der seine Frucht bringt zu seiner Zeit, und seine Blätter verwelken nicht. Und was er macht, das gerät wohl.

Psalm 1, 1–3

Zum Nachdenken:

Was ist das Ziel deines Lebens? Hast du überhaupt eins? Wenn ja, wie weit stimmen deine Taten und Entscheidungen mit deinem erklärten Ziel überein? Gibt es manches an deinem Verhalten, wo du dich eher nach dem Druck deiner Umwelt richtest als nach deinem Ziel? Bitte Gott um Hilfe, solche Verhaltensweisen zu ändern.

Hey!

Eine andere Bibelstelle, die das gleiche mit anderen Worten ausdrückt, ist im 1. Petrusbrief 1, 14 und 15 zu finden.

Gehirnwäsche

„Ändert euch durch Erneuerung eures Sinnes“, weist Paulus uns in Römer 12, 2 an. Das ist der dritte Schritt für uns, Gottes Willen kennenzulernen. Die ersten beiden haben wir in den letzten Tagen besprochen. Erstens stellen wir Gott unseren Körper zu Verfügung; zweitens legen wir unser Ziel fest. Jetzt der dritte Schritt – wir reinigen unser Gehirn.

Und das, sagt Paulus, ist ein so radikaler Schritt, daß er uns buchstäblich verwandelt.

Wie kommen wir mit diesem radikalen Schritt zurecht? Die Antwort steht in Psalm 1, Verse 1 und 2:

Wohl dem, der nicht wandelt im Rat der Gottlosen noch tritt auf den Weg der Sünder noch sitzt, wo die Spötter sitzen, sondern hat Lust am Gesetz des Herrn und sinnt über seinem Gesetz Tag und Nacht.

Mit anderen Worten, wir reinigen unser Gehirn, indem wir das meiden, was es verunreinigen könnte und über das nachdenken, was es reinigen hilft.

Erstens haben wir die Verantwortung, das Gehirn, unseren Verstand vor allen Arten Müll zu schützen, die seine Reinheit bedrohen. Wenn das, was wir sehen oder hören, aus Gottes Sicht nicht empfehlenswert ist, müssen wir aufstehen und auf den Aus-Schalter drücken – auch dann, wenn sonst niemand da ist, der uns sieht. Etwas schwieriger: Wenn unsere Freunde so einem Müll zusehen oder darüber reden, müssen wir sagen: „Nicht mit mir!“ Wir sollten aufstehen und die Tür hinter uns zumachen. Oder einen anderen Sender einstellen.

Ich habe dieses Kapitel nicht geschrieben, um dir eine Predigt über Sex im Fernsehen, Rockmusik oder Kinofilme zu halten. Das muß nicht sein. Du weißt sehr gut selbst, daß all das nicht automatisch schlecht ist, aber daß manches davon in direktem Widerspruch zu dem steht, was Gott liebt. Wenn das so ist, dann braucht man keinen Prediger, der einem erzählt, es sei nicht Gottes Wille, dabeizusitzen und zuzuhören.

Natürlich ist es nicht einfach, so zu leben. Manchmal ist es wirklich nicht leicht, Christ zu sein. Vergiß aber nicht, daß in Psalm 1 auch steht, was uns erwartet, wenn wir unseren Verstand reinigen, eine „Müllwache“ davor aufstellen und über Gottes Wort nachdenken: „Was er macht, gerät ihm wohl.“

Zum Reinigen des Verstandes gehört als zweiter Schritt, uns dem positiven Einfluß des Wortes Gottes auszusetzen. Jahr für Jahr wächst mein Respekt und meine Liebe zur Bibel – Gottes Aufzeichnungen über sich selbst und darüber, wie ich seiner Meinung nach leben soll. Mit der Bibel also reinigt Gott meinen Verstand! Hat lange gedauert, bis mir das klar wurde. Aber dieses Buch wirkt!

Ich will auch, daß es bei mir wirkt. Ich will nicht bloß irgendein Autor sein. Es gibt schon genug davon. Ich will nicht nur einer von vielen Predigern oder Rednern sein, irgendein Berufskomiker. Es gibt schon genug Prediger und Komiker. Was aber brauchen wir? Wir brauchen Männer und Frauen, Prediger und Komiker, Schriftsteller und Sportler, Klempner und Schüler, die sich ganz und gar Gott verschrieben haben. Schon ein einziger, der sich Gott verschrieben hat, kann etwas verändern – überleg mal, was passiert, wenn Hunderte und Tausende aufstehen!

Es wird aber gar nichts passieren, bis diese Männer, Frauen und Kinder sich entschlossen an die Reinigung ihres Verstandes machen, damit aus ihnen solche Menschen werden, wie Gott sie gedacht hat.

Reinige dein Gehirn! Das ist der letzte Schritt hin zur schwierigsten Frage der Welt: Gottes Willen für dein Leben zu erkennen.

Vers des Tages:

Wie wird ein junger Mann seinen Weg unsträflich gehen? Wenn er sich hält an deine Worte. Ich suche dich von ganzem Herzen; laß mich nicht abirren von deinen Geboten. Ich behalte dein Wort in meinem Herzen, damit ich nicht wider dich sündige.
Psalm 119, 9–11

Hey!

Lies den ganzen Psalm 119 – das hilft dir verstehen, wie wichtig die Bibel ist. Er ist zwar lang, aber es lohnt sich!

Vorschlag:

Notiere dir heute alles, was du so am Tag in deinen Verstand eindringen läßt: worüber du gern nachdenkst, was du dir ansiehst und anhörst. Du wirst überrascht sein, wieviel du dir im Lauf der Zeit zugemutet hast, was dich im Sinne Gottes kein bißchen weiterbringt oder dich sogar runterzieht! Setze dir freiwillig ein paar Schranken und überlege, wie du ihnen Geltung verschaffen kannst. (Es gibt Mittel, die eigene Gedankenwelt zu beherrschen; wenn einer sagt, das sei unmöglich, hat er bloß keine Lust dazu.) Schütze deinen Verstand!
Dann denke ein paar Minuten darüber nach, wie groß der Einfluß von Gottes Wort in deinem Leben ist, gemessen an der Zeit, die du dich damit befaßt. Wenn dir die Bibel zu fremd ist, überlege, wie sich das ändern läßt. Notiere, wie oft du in der Bibel liest, wieviel du davon kennst und wie du das anwendest, was du liest.
Das sind wichtige Gedanken, die man nicht einfach abschütteln sollte!

Bär oder Hirngespinst?

Es ist Nacht. Du gehst im Wald spazieren. Echt unheimlich. Der Mond scheint nicht besonders hell. Du kannst fast gar nichts erkennen. Und jetzt hörst du Geräusche, die dir überhaupt nicht gefallen. Da bewegt sich etwas zwischen den Bäumen vor dir – etwas Großes! –, und plötzlich kommt ein großer schwarzer Hund den Weg entlanggelaufen.

Jetzt hat sich der ganze Körper eingeschaltet. Die Augen senden eine Nachricht ans Gehirn: „Es ist ein Bär!“

Die Füße diskutieren nicht mit den Augen – sie sagen nicht: „Meiner Meinung nach stimmt das nicht; gehen wir doch mal nachsehen.“ Die Füße sagen: „Weg mit dem Körper von dieser Stätte!“

Trotzdem bleibst du wie angewurzelt stehen. Warum? War eben doch kein Bär! Es war nur ein schwarzer Hund, der hinter einer Hundedame her war und auf dich gar nicht geachtet hat. Leute, es ist egal, ob ihr auf eine Pappfigur schaut, auf einen Stein, Schatten, Hund oder Hamster – wenn ihr *glaubt*, daß es ein Bär ist, dann reagiert ihr nicht anders, als wenn euch in Wirklichkeit ein riesiger Grizzly auf den Fersen ist.

Wir können uns mit unserem Denken zwar irren, aber solange wir daran glauben, handeln wir so, als ob es *wahr wäre*. Salomo hat es im Buch der Sprüche etwas anders formuliert. Es gilt aber noch heute: „Wie er in seinem Herzen denkt, so ist er" (Sprüche 23, 7).

Du bist, was du denkst. Ob du mit einem Bär zu tun hast oder mit einem Hamster – wenn du denkst, daß es ein Bär ist, läufst du genauso schnell weg, als ob es wirklich einer wäre.

Wenn du den Mut dazu hast, laß dich von mir herausfordern, dein ganzes Leben zu prüfen – wie du handelst, was du sagst, wovor du Angst hast, was für Beziehungen du hast und wie du dich in diesen Beziehungen verhältst. Dann zieh deine Schlüsse daraus: Was hältst du in Wirklichkeit von Gott? Was läßt sich dazu an deinem Leben ablesen? Wenn du nämlich glaubst, daß Gott allmächtig und liebevoll ist, dann benimmst du dich auf eine ganz bestimmte Art. Wenn du glaubst, daß Gott zornig und rachsüchtig ist und bloß darauf wartet, dich in die Mangel zu nehmen, damit er dich fallenlassen kann, dann benimmst du dich ganz anders. Wenn du glaubst, daß Gott blind ist, schläft oder daß ihm alles egal ist, dann benimmst du dich wieder anders.

Welche Schlüsse kann alle Welt aus deinem Verhalten ziehen? Was für eine Gottesvorstellung steht dahinter?

Vers des Tages:

Wie er in seinem Herzen denkt, so ist er.
Sprüche 23,7

Vorschlag:

Achte heute einmal auf dein Verhalten. Was sehen deine Freunde heute an dir? Was sagt ihnen das über deinen Glauben an Gott?

Hey!

Lies Jakobus 2, 18–22. Hier kannst du erkennen, wie unser Handeln widerspiegelt, was wir wirklich glauben.

Mach was draus!

Als Kind und Jugendlicher hatte ich gern Publikum – so sehr, daß ich oft genug als Angeber abgestempelt wurde, der süchtig nach Aufmerksamkeit war, selbstsüchtig und egoistisch. Und oft genug hatten die Leute recht, wenn sie mir diesen Vorwurf machten.

Als mich eines Tages die Englischlehrerin zu einem Gespräch nach der Schule aufforderte, war mir klar, daß dies keine Einladung zum Tee war. Ich hatte ihr gerade die ganze Unterrichtsstunde kaputtgemacht.

Eine volle Minute sah sie mich schweigend an (was mich an die Ruhe vor dem Sturm erinnerte). Dann sagte sie: „Ken, ich möchte, daß du einen Rhetorikkursus belegst."

„Rhetorikkurs?" Ich lachte abfällig: „Sie wollen mich wohl auf den Arm nehmen." Alle meine Freunde trugen auf ihren Jacken Symbole für typisch männliche Sportarten – gekreuzte Hockeyschläger, Fußbälle und Baseballschläger. Ich konnte ja schlecht mit Lippen als Symbol an meiner Jacke aufkreuzen.

„Wie kommen Sie darauf, daß ich beim Reden groß was leisten könnte?" fragte ich.

Sie sah mir direkt in die Augen und sagte: „Ken, mit einem einzigen Satz kannst du die ganze Klasse zum Lachen bringen und die Lernatmosphäre total zerstören, für die ich mich fast eine Stunde vorbereitet habe. Dazu braucht man Talent. Warum also dieses Talent nicht positiv nutzen?"

Sie ging mir so lange auf die Nerven, bis ich mich für Rednerwettbewerbe meldete, Abteilung Komik und Humor. Ich gewann gegen fast alle Konkurrenten. Ihrer Ausdauer und Ermutigung habe ich es zu verdanken, daß ich heute das mache, was ich mache, und meine Gabe zur Unterhaltung und Hilfe für meine Zuhörer nutze. Was am wichtigsten ist: ich setze mein Talent ein, um die beste Botschaft der Welt zu verbreiten.

Gut – eine nette Geschichte, aber das ist schließlich lange her (ungefähr eine Million Jahre), und du fragst dich vermutlich, was das mit dir zu tun hat. Die Antwort heißt: *Gott hat dir Talente gegeben, die zu seiner Ehre eingesetzt werden sollen. Verschwende sie nicht!*

Wir alle haben unsere Gaben, aber wir nutzen sie nicht so, wie Gott es sich gedacht hat. Manche lassen sie völlig brachliegen. Und so, wie ich meine gottgegebene Fähigkeit zum Reden bloß zum Stören im Unterricht eingesetzt habe, kann auch bei dir genau das Verhalten, das immer wieder deine Eltern, Lehrer oder Freunde auf die Palme bringt, sich eines Tages als nützliches Talent entpuppen – wenn du lernst, deine Fähigkeiten richtig anzuwenden.

Ich habe mir schließlich die „Lippen" für meine Jacke verdient – und ich bin stolz darauf. Wer sagt da noch, daß Gott keinen Spaß versteht?

Vers des Tages:

Und dient einander, ein jeder mit der Gabe, die er empfangen hat, als die guten Haushalter der vielfältigen Gnade Gottes.
1. Petrus 4, 10

Hey!

Woher sollen wir wissen, was uns am besten liegt und was wir für Gaben haben Sieh in Römer 12, 3–10 nach.

Vorschlag:

Als Teenager hatte ich bereits Talente, die ich aber nicht gerade sinnvoll nutzte. Vielleicht kannst du deine Fähigkeiten besser einsetzen. Heute solltest du dir überlegen, wie du deine von Gott geschenkten Stärken und Talente ermitteln und sie dann besser einsetzen kannst. Sei nicht zu schüchtern, dir dabei von jemand anders helfen zu lassen – gerade dann nicht, wenn du glaubst, du hättest überhaupt keine Gaben. (Gott lügt nicht, und er hat uns in der Bibel gesagt, daß *jeder* verwendbare Talente hat.)

Abgerutscht

(Dave)

Als ich noch ein Kind war, haben wir die Sommerferien meistens mit der ganzen Familie in einer Hütte im Gebirge verbracht. In einem Sommer – ich glaube, ich war vier – marschierte ich eines Tages von der Hütte fort und kletterte in eine Kiesgrube, in der ich eigentlich nicht spielen durfte. Aber niemand war da, der es mir verbieten konnte, also stieg ich hinunter in die Grube. Ich tobte in dem schönen Sand und Geröll herum, bis ich genug hatte – und dann merkte ich, warum es mir verboten worden war:

Ich kam nicht wieder raus!

Die steile Böschung der Grube bestand aus nichts als lockerem Kies. Mit Anlauf kam ich vielleicht zwei oder drei Meter den Hang hinauf, rutschte dann aber samt einer kleinen Steinlawine wieder runter. Ich versuchte es immer wieder und bekam es immer mehr mit der Angst zu tun. Schließlich war ich total verheult, die Nase lief, und ich schrie aus Leibeskräften nach jemandem, der mich rausholen konnte. (Man kann nicht lange cool bleiben, wenn man vier ist.)

Dann kam jemand. Ein Mann in ausgebleichten Jeans, großen, schweren Stiefeln und löchrigem Flanellhemd. Für mich sah er aus wie ein Holzfäller. Wahrscheinlich ist er ein Buchhalter aus Los Angeles auf Sommerurlaub gewesen. Er zog mich aus der Grube, zeigte mir die Richtung nach Hause und schickte mich los. Mit vier Jahren kannte ich noch keine Verlegenheit – ich war bloß froh, noch zu leben.

Beim Nachhauseweg wurde mir eine Sache sehr deutlich. (Selbst kleine Kinder können vernünftig sein.) Was mir klar wurde, war folgendes: Mein Problem war nicht, daß ich nicht hoch genug klettern konnte. Im Klettern war ich ganz gut – ich schaffte mindestens zwei bis drei Meter. Ich hatte mit dem Problem zu tun, nicht am erreichten Punkt bleiben zu können – ich rutschte sofort wieder auf den Boden. Hätte ich auf der einmal erreichten Höhe bleiben und weitere zwei Meter klettern können, wäre ich selbst hinausgekommen. Es war aber zu rutschig dazu.

Es ging mir wie einer Fußballmannschaft, die mit drei Pässen den gegnerischen Strafraum erreicht – und dann nach Fouls gelbe Karten kassiert. So schießt man keine Tore.

Oder man spart zweihundert Mark für die Jacke, die man immer schon wollte – und dann verjubelt man alles an einem Abend, wenn man ausgeht. Man kann sich dann selbst nicht mehr leiden.

Wahrscheinlich denkst du jetzt, ich will mit diesen Beispielen irgendeine Weisheit verkünden. Ich möchte damit bloß das gleiche sagen wie der Apostel Paulus in Philipper 3, 16: „Nur, was wir schon erreicht haben, darin laßt uns auch leben."

Ein einfaches Prinzip, und vernünftig dazu, bei allem, was man tut: Was man an Boden gewonnen hat, soll man nicht wieder verlieren.

Und worauf arbeiten wir als Christen hin? Auf etwas, wovon Paulus in Philipper 3, 15 redet: geistliche Reife. Kein einfaches Ziel. Vielleicht geht es für dich um Beherrschung deiner Launen. Du hast es inzwischen fast geschafft, stimmt's? Schön – verliere nicht alles, was du schon gewonnen hast. Wenn es passiert, mußt du wieder von vorn anfangen. So, als ob du von der Kiesböschung gerutscht bist.

Vielleicht geht es für dich darum, deinen Appetit zu zügeln – auf Essen, Sex, Alkohol, Anerkennung. Du hast es im Griff? Bitte Gott um die Kraft, nicht wieder abzurutschen. Was wir schon erreicht haben, darin sollen wir auch leben, wie Paulus sagt.

Wie also bewahrt man sich einen einmal erkämpften Sieg? So, wie du es jetzt machst – Glückwunsch! Versuche, im Sinne Gottes zu handeln, halte dich an sein Wort, und du wirst weiter wachsen und verteidigen, was du gewonnen hast. Letzten Endes ist die beste Methode, das Erkämpfte zu behalten, noch ein bißchen mehr zu erobern!

Vers des Tages:

Nur, was wir schon erreicht haben, darin laßt uns auch leben.
Philipper 3, 16

Vorschlag:

Schreib dir auf, was für Veränderungen an dir selbst du in den letzten Jahren geschafft hast. Vielleicht schlechte Gewohnheiten, die du abgelegt hast, persönliches Wachstum auf bestimmten Gebieten, bessere Beziehungen zu deinen Mitmenschen oder gute neue Angewohnheiten – zum Beispiel mehr beten oder Bibel lesen. Lies dir dann die Punkte genau durch. Machst du in manchen dieser Bereiche wieder Rückschritte? Wenn ja, wird es Zeit, hier nachzuhaken und weiterzumachen. Verliere keinen Fußbreit an Boden!

Hey!

Die Zeilen vor dem Vers des Tages rücken alles in die richtige Perspektive. Lies einfach noch Philipper 3, 10–15.

Salz in der Suppe

(Dave)

Kennst du Witze, die so anfangen: „Was ist der Unterschied zwischen . . .?

Zum Beispiel den:

Wayne: Was ist der Unterschied zwischen meiner älteren Schwester und einem indischen Elefanten?

Jane: Weiß ich nicht.

Wayne: Etwa zehn Pfund.

Oder den:

Fred: Was ist der Unterschied zwischen einer toten Ratte und einem Laib Brot?

Ted: Weiß ich nicht.

Fred: Dann würde ich dich niemals ein Brot kaufen schicken.

Gut, hier ist noch einer für dich: Was ist der Unterschied zwischen dir und einem Nichtchristen?

Darauf fallen dir bestimmt eine ganze Menge Antworten ein. Aber bekäme ich wohl die gleichen Antworten, wenn ich deine besten Freunde, deine Geschwister oder die Lehrer in deiner Klasse fragen würde?

Was also *ist* der Unterschied zwischen einem Christen und einem Nichtchristen? Und wie kann man diesen Unterschied deutlich machen? Sollen wir anders reden? Uns anders verhalten? Anders anziehen? Andere Lieder singen? Nicht mehr tanzen, keinen Alkohol trinken oder rauchen?

Wenn es um Einzelheiten geht (zum Beispiel, wie man sich am besten anzieht), muß ich zugeben, daß ich manchmal nicht sicher bin, ob es bestimmte Dinge gibt, die sich für einen Christen gehören oder nicht, aber mit Sicherheit gilt folgendes Prinzip: Es muß nicht so sehr äußere Unterschiede bewirken, wenn man Christ wird – es sollte vor allem eindeutige innere Unterschiede geben!

Jesus sagte in Matthäus 5, 13: „Ihr seid das Salz der Erde. Wenn nun das Salz nicht mehr salzt, womit soll man salzen? Es ist zu nichts mehr nütze."

Vielleicht kannst du theologisch präzise beschreiben, was sich in deinem Inneren abgespielt hat, als du Christ wurdest, aber wenn es dir auf Unterschiede ankommt, dann mußt du anders „schmecken“ als der Rest der Welt. Die Welt versucht allerdings nicht, dich mit der Zunge zu schmecken, wofür ich dankbar bin – sie macht es mit Augen und Ohren.

Deshalb unter anderem ist das vierte Kapitel im Philipperbrief eine meiner Lieblingsstellen in der Bibel: Es handelt davon, was das Salz vom übrigen Eintopf unterscheidet.

In den Versen 2 und 3 drängt Paulus alle Christen in Philippi, untereinander Frieden zu schaffen und zu lernen, einer Meinung zu sein.

Im Vers 4 ermahnt er sie wiederholt, sich im Herrn zu freuen – immer! Das wäre wirklich ein drastischer Unterschied zur uns bekannten Welt der Beschwerden und Klagen!

Vers 5 bringt einen großartigen Rat: „Eure Güte laßt kundsein allen Menschen.“ Wenn wir von unseren Lieblingsfernsehsendungen und -filmen ausgehen, dann ist Güte weit weniger gefragt als die Fähigkeit, Löcher in Menschen zu pusten, die anderer Meinung sind. Paulus aber macht deutlich, daß Güte eindeutig zu den Eigenschaften gehört, die typisch für einen Christen sind – und unsere Güte sollte für alle Menschen zu erkennen sein.

In den Versen 6 und 7 beschreibt er das nächste christliche Merkmal: Frieden. Christen sollen als Menschen auffallen, die sich keine gesteigerten Sorgen machen – als Menschen, die im Frieden mit sich selbst und mit der Welt leben.

Dann sagt er in Vers 8, Christen würden erst einmal das Gute im Leben und bei anderen Menschen beachten – außerdem alles, was wahr, edel, richtig, rein, schön, bewunderswert, hervorragend und lobenswert ist. Denk einmal eine Weile darüber nach, was die meisten Menschen aus deinem Bekanntenkreis am liebsten hören, und du wirst feststellen, wie radikal anders Paulus dich eigentlich haben will.

Gut, ich gebe zu: Paulus war ein gefährlicher Mann. Er war Gott bis zum äußersten hingegeben („Für mich ist Christus mein Leben, und Sterben ist mein Gewinn“). Er wollte kein halbherziges Christentum – und er forderte seine Leser auf, sich genausowenig damit zufriedenzugeben.

Streben wir lieber kein halbherziges Christentum an. Wir sollten keine Angst haben, als Christen erkannt zu werden.

Vers des Tages:

„Ihr seid das Salz der Erde. Wenn nun das Salz nicht mehr salzt, womit soll man salzen? Es ist zu nichts mehr nütze.“
Matthäus 5, 13

Hey!

Das vierte Kapitel de Philipperbriefes hat es wirklich in sich – du solltest es dir gan durchlesen.

Zum Nachdenken:

Was ist der Unterschied zwischen dir und einem Nichtchristen? Ich meine jetzt nicht, ob du die sogenannten „sieben Laster“ hast oder nicht. Ich spreche über die eigentlichen inneren und äußeren Unterschiede, die dir einen anderen „Geschmack“ verleihen als deine „weltliche“ Umgebung.
Willst du überhaupt anders sein?
Wenn du meinst, daß du bei diesen Ansprüchen Gottes an dich anders sein willst, dann lies das vierte Kapitel des Philipperbriefes und fang an, die Unterschiede deutlich werden zu lassen – einen nach dem anderen. Bete dabei um Gottes Hilfe und Kraft. In dieser Welt sind Menschen gefragt, die anders sind. Gehörst du dazu?

Schnuppern verboten

Hat dir auch schon mal jemand gesagt: „Ich glaub', die Milch ist sauer", und hat dir dann die Packung gereicht und gebeten: „Riech mal dran. Was meinst du?"

So ein Unsinn passiert in meiner Familie andauernd. Ich weiß nicht, ob meine Frau und Töchter mich gern würgend zu Boden gehen sehen oder ob sie bloß ihrem Geruchssinn nicht trauen. Ich weiß nur, daß ich mir das nicht mehr antun werde. Neulich hielt mir meine Frau Diane eine schimmlige Milchpackung unter die Nase und sagte: „Riech mal!" Ich hielt mich an den Rat, den Teenager inzwischen schon seit Jahren zu hören kriegen.

Ich sagte einfach Nein.

Wenn eine Dose Bohnen sich so stark wölbt, daß sie wie ein Tennisball aus Blech aussieht, brauche ich nicht zu probieren, ob die Bohnen schlecht geworden sind. Wenn ich höre, wie mitten in der Nacht in meinem Wohnzimmer Möbel umhergeschoben werden und meine Frau quengelt: „Geh doch endlich mal nachsehen", brauche ich nicht erst die Strumpfhose über dem Gesicht des Einbrechers zu sehen. Ich weiß auch so, daß es Ärger gibt.

Nenn mich ruhig feige, wenn du Lust hast, aber wenn ich Gefahr wittere, mache ich lieber kehrt.

Meistens.

Und wenn nicht? Wenn ich mit Dingen konfrontiert wurde, die meines Wissens verdorben waren und meiner Beziehung zu anderen und zu Gott schaden konnten? Ich habe den Schimmel erkannt, ich habe die Gefahr der Versuchung gespürt – trotzdem aber tat ich den Schritt und habe ein bißchen dran geschnuppert.

Dieses bißchen Schnuppern ist letztlich noch nie ein Genuß gewesen. Die Folge der Sünde ist der Tod. Sünde macht Beziehungen kaputt. Sie zerstört unseren Weg mit Gott. Sie richtet Herz und Geist zugrunde.

Darum wird in der Bibel niemals leichtfertig mit der Sünde umgegangen. Der Flirt mit Dingen, die eindeutig schlecht sind, ist idiotisch, so wie Russisches Roulette. Wenn du das nächste Mal merkst, daß du versucht wirst, schnuppere nicht dran. Es riecht ja doch verfault. Bitte lieber Gott um die Klugheit, dich umzudrehen und wegzugehen.

Vers des Tages:

So seid nun Gott untertan. Widersteht dem Teufel, so flieht er von euch.
Jakobus 4, 7

Vorschlag:

Bestimmt hast du von diesem makabren wissenschaftlichen Experiment schon gehört: Wenn man einen Frosch in heißes Wasser wirft, springt er sofort heraus. Wenn man ihn aber ins Wasser setzt, solange es noch kalt ist, und dann das Wasser langsam erwärmt, kann man den Frosch zu Tode kochen, ehe er merkt, was los ist.

Hey!

Wenn dir danach ist, doch an der verdorbe nen Milch zu schnup pern, lies Jakobus 1, 13–15. Denk an die Folgen – das ist es doch nicht wert, oder?

Hast du schon einmal mit einer Sache zu tun bekommen, die du eigentlich verkehrt findest? Der erste Schritt dahin ist schon der wiederholte Gedanke an die Versuchung, auch wenn du meinst, du würdest es „niemals tun". Vielleicht ertappst du dich auch dabei, mit deinen Freunden darüber zu reden oder davon zu lesen.
Und ehe du dich versiehst, sitzt du im heißen Wasser.
Egal, wodurch du versucht wirst: wenn du dies hier liest, beschreitest du schon den Fluchtweg, den Gott uns empfiehlt. (Zu finden in 1. Korinther 10, 12.13. Schlag gleich jetzt nach.) Bete doch einfach um Gottes Kraft, dich von der Gefahr abzuwenden.
Verschwende keine Zeit damit, an schimmligen Verpackungen zu schnuppern. Gott hat Besseres im Sinn für dich.

Dem Tod die Stirn geboten

(Dave)

Was ich erzähle, hört sich vielleicht zunächst einmal traurig an, tatsächlich aber kenne ich kaum eine Geschichte, die mich so inspiriert und ermutigt hat wie diese:

Am 8. April 1945, gegen Ende des 2. Weltkrieges, leitete der lutherische Pastor Dietrich Bonhoeffer im KZ Flossenbürg einen kurzen Gottesdienst. Nach der Predigt, die er mit einem Gebet abschloß, traten zwei Wachen ein und sagten: „Gefangener Bonhoeffer, kommen Sie mit."

Alle Gefangenen im Gottesdienst wußten, was diese Worte bedeuteten. Bonhoeffer sagte zum letzten Mal ‚Auf Wiedersehen' und folgende Worte: „Das ist das Ende, aber für mich ist es der Anfang des Lebens."

Am nächsten Tag, am 9. April 1945, wurde Dietrich Bonhoeffer auf direkten Befehl Heinrich Himmlers, Hitlers Reichsführer der SS, gehängt. Warum? Weil Bonhoeffer, ein Vollblut-Christ, unbeugsam Widerstand gegen die üblen Greueltaten der Nazis geleistet hatte.

Seine Worte, kurz vor dem Tod aufgezeichnet, haben ihn überdauert:

Leiden ist also das Zeichen wahrer Jüngerschaft. Der Jünger ist nicht höher als sein Meister. Nachfolge Christi heißt..., daß wir leiden müssen. Darum zählte Luther das Leiden zu den Anzeichen der wahren Kirche... Jüngerschaft bedeutet Gehorsam gegen das Leiden Christi, und deshalb ist es überhaupt nicht überraschend, wenn Christen zum Leiden aufgerufen werden. Tatsächlich ist es eine Freude und ein Zeichen seiner Gnade.

Klingt nicht gerade wie ein Riesenspaß, Christ zu sein, oder? Das Leiden als Zeichen des wahren Christen? Sollte man Leid nicht möglichst vermeiden?

Meistens ja. Bemerkenswert an Dietrich Bonhoeffer ist aber nicht bloß, daß er hingerichtet wurde, sondern der *Grund* für seine Hinrichtung. In einer Zeit, als viele – tatsächlich die meisten – Menschen seines Volkes, auch die meisten Christen, einfach mitmachten, was ihres Wissens zutiefst falsch sein mußte, stand Bonhoeffer auf und sagte: „*Nein*! Wir dürfen die Juden nicht umbringen, nur weil sie sich von den Deutschen unterscheiden; wir dürfen nicht in andere Länder einmarschieren, nur um mächtiger zu werden. Hitler tut *Unrecht*."

Das sagte er laut, deutlich und oft. Er sagte es so, wie ein Christ reden sollte: im Vertrauen darauf, daß es recht sei, weil die Bibel es ihn lehrt. Und er wurde dafür hingerichtet.

Es gibt Zeiten, wo man für seinen Glauben durchs Feuer gehen muß. Es gibt Zeiten, wo es richtig ist aufzustehen, wenn alle anderen sitzen bleiben; seine Stimme zu erheben, wenn alle anderen schweigen; nein zu sagen, wenn alle anderen ja sagen oder ja zu sagen, wenn alle anderen nein sagen.

Wer so Stellung bezieht, muß immer einen Preis dafür zahlen. Dieser Preis ist das Leiden, von dem Bonhoeffer geredet hat.

Wenn es soweit ist – und das kann früher eintreten, als man denkt –, bist du dann bereit?

Vers des Tages:

Selig seid ihr, wenn euch die Menschen um meinetwillen schmähen und verfolgen und reden allerlei Übles gegen euch, wenn sie damit lügen. Seid fröhlich und getrost; es wird euch im Himmel reichlich belohnt werden.
Matthäus 5, 11.12

Zum Nachdenken:

Kannst du dich an Zeiten in deinem Leben erinnern, als du wußtest, was richtig war, aber dich nicht getraut hast, danach zu handeln? Als du das Falsche getan hast (und das auch wußtest), weil du Angst vor den Folgen hattest, wenn du richtig gehandelt hättest? Vielleicht hast du gefürchtet, Freunde zu verlieren oder verspottet zu werden. Vielleicht gab es auch andere Gründe.

Hey!

Willst du mehr über andere Menschen lesen, die wirklich mit Haut und Haaren für ihren Glauben eingestanden sind? Lies Hebräer 11, 32–38.

Woher holst du das nächste Mal genug Mut für die Entscheidung, das zu tun, was du als richtig erkannt hast? (Die Antwort darauf findest du in Hebräer 12, 1–3.)

Taubendreck und Sünden

Als ich einmal im Herbst gebeten wurde, bei einem Erntefest zu sprechen, kamen mir schwere Bedenken. Normalerweise werden solche Feste im Freien gefeiert, was immer die Möglichkeit von Ablenkung und Störung nach sich zieht. Beleuchtung und Lautsprecheranlage sind meistens primitiv, und das Wetter ist fast immer unfreundlich. Außerdem regt die Atmosphäre solcher Feste die jungen Leute normalerweise zum Knutschen an, nicht zu frommen Gedanken. Und als ob das noch nicht gereicht hätte: diesmal sollten echte Pferde mitmachen. Ich mußte also auf Schritt und Tritt aufpassen.

Der Pastor beruhigte mich. Das Treffen sollte in einer Scheune abgehalten werden. Er werde für Scheinwerfer und eine gute Anlage sorgen. Ich ließ mich darauf ein.

Als es soweit war, lagerten sich zweihundert Teenager frisch von der romantischen Pferdewagenfahrt auf den Heuballen und lauschten. Alles war wie versprochen: die Beleuchtung ausgezeichnet, die Anlage vom Feinsten. Die Jugendlichen hörten bereitwillig auf alles, was ich sagte. Eigentlich gab es nur ein Problem: Ohne mein Wissen hatten sich auch noch etwa dreißig Tauben in der Scheune oben auf den Balken versammelt. Ich war nicht sicher, ob sie extra zum Zuhören gekommen waren oder ob die Scheune ihr üblicher Samstagabendtreff war. Sicher war nur eins: Tauben sind mir bei meinen Versammlungen in Zukunft nicht mehr willkommen.

In Abständen von etwa zwei Minuten ließ das eine oder andere der gefiederten Geschöpfe ein „Taubengeschoß" in die Menge fallen. So manches Geschoß traf meine Zuhörer, andere nicht; was aber die zerstörerische Wirkung auf die Aufmerksamkeit anging, war jeder Taubenklecks ein Volltreffer.

Was haben „Taubengeschosse" mit unserer Beziehung zu Gott zu tun? Nur soviel: Die Wirkung der Taubenprodukte auf die Teenagerschar an diesem Abend erinnert mich daran, wie unsere Gedankenwelt unser geistliches Leben beeinträchtigen kann. Auch das kann sehr ablenkend sein!

Ich kenne viele Leute, die sich ganz sicher fühlen, weil sie ganz bestimmte Sünden nie *getan*, nur daran *gedacht* haben. Aber die Möglichkeit der Sünde fängt mit den Gedanken an, die wir an uns heranlassen. Wenn wir diese Möglichkeit wachsen lassen, kann letzten Endes der Tod die Folge sein. Dazu Jakobus: „Sondern ein jeder, der versucht wird, wird von seinen eigenen Begierden gereizt und gelockt. Danach, wenn die Begierde empfangen hat, gebiert sie die Sünde, die Sünde aber, wenn sie vollendet ist, gebiert den Tod" (Jakobus 1, 14–15).

Mit anderen Worten: unsere Gedanken führen uns an die Sünde heran, und die Sünde führt zum Tod. Wahnsinn! Ein ziemlich deutlicher Hinweis, daß wir darauf achten müssen, was für Tauben wir in unserem Gebälk sitzen lassen. Wir können sie nicht davon abhalten, hin und wieder durchzufliegen, aber wir haben genug Einfluß, sie vom Nisten abzuhalten. Wenn die Tauben der Gier oder des Zorns, der Rache oder der Auflehnung sich flatternd unseren Köpfen nähern, haben wir die Wahl. Wir können den Besen nehmen und sie wegscheuchen. Oder wir helfen ihnen ein Nest bauen, wo sie wachsen und sich vermehren können. Dann setzt es Taubengeschosse, und es geht uns besch... (du weißt schon!).

Vers des Tages:

Wir zerstören Gedanken und alles Hohe, das sich erhebt gegen die Erkenntnis Gottes, und nehmen gefangen alles Denken in den Gehorsam gegen Christus.
2. Korinther 10, 5

Vorschlag:

Erstaunlich, wieviel einfacher der Widerstand wird, wenn wir aufgehört haben, in Gedanken mit der Versuchung zu spielen. Mach mindestens eine Taube ausfindig, die du in deinem Hirn-Gebälk herumfliegen läßt. Dann scheuch sie weg und lasse einen neuen „Gast" herein. Fröhliche Jagd!

Hey!

Wenn du diese eklig[e] Tauben losgeworden bist, brauchst du andere Gäste. Was für welche? Lies Philipper 4, 8.9, wenn [du] es wissen will[st].

Der Ex-Sträfling

(Dave)

Rod wuchs auf einer kleinen Ranch in Montana auf. Seine Eltern waren Alkoholiker. Er wurde als Teenager festgenommen, als seine „Freunde“ ihn überredeten, ein Auto für sie zu stehlen. In der Jugendstrafanstalt gab es keinen Platz mehr. Also wurde der sechzehnjährige Rod ins Gefängnis gesteckt.

Er mußte nur ein paar Wochen bleiben, aber diese Erfahrung zeichnete ihn für sein ganzes Leben. Er betrachtete sich so sehr als Ex-Sträfling, als ob dieses Wort sichtbar an ihm haftete. Daß alle anderen ihm das auch ansahen, war für ihn selbstverständlich.

Rod war geistig nicht gerade eine Leuchte, doch seine Vorstellungskraft reichte aus, um sich eine Zukunft als Gelegenheitsverbrecher auszumalen. Da spielten Alkohol und Drogen eine Rolle, schließlich ein gewaltsamer Tod oder die Rückkehr ins Gefängnis, diesmal für immer.

Irgendwie verirrte Rod sich eines Sonntagmorgens in eine Kirche, wo er zu seiner Überraschung freundlich aufgenommen und angelächelt wurde. Man lud ihn sogar ein wiederzukommen. Die nächste Woche kam er auch und wurde anschließend zum Essen eingeladen.

Rod hatte ein Zuhause gefunden. Diese Kirche wurde seine Familie.

Leicht war es für keinen. Rods zum Teil etwas seltsame Gewohnheiten und das Bedürfnis nach ständiger Gemeinschaft sorgten oft dafür, daß man sich in Geduld üben mußte, wenn man sich mit ihm anfreunden wollte. Aber diese kleine Gruppe Christen dachte daran, daß ihre eigenen Schwächen für Gott bestimmt genauso frustrierend waren wie Rods für sie. Man hörte also nicht auf, ihn einzuladen und anzulächeln, mit ihm zu lachen und ihm Mut zu machen.

Bei alledem verstand Rod die Botschaft, die sie ihm vermitteln wollten: Daß sein neues Glück von Jesus Christus stammte.

Und mit seinem kindlichen Herzen wollte Rod dem ein Geschenk machen, der ihm so viel gegeben hatte. Geld hatte er keins; sein Job als Fahrer brachte gerade genug ein, um zu überleben. Er hatte kein Geschick, keine Talente und keine Fähigkeiten.

So kam er eines Abends zu mir nach Hause, weil ich in dieser kleinen Kirche der Chorleiter war, und sagte: „Ich möchte ein Lied schreiben. Kannst du mir helfen?"

Wie will dieser Mann, der kaum ganze Sätze zusammenbringt, ein Lied schreiben? fragte ich mich, antwortete aber: „Na klar."

Er setzte sich auf meine Couch und reichte mir ein zerknittertes, liniertes Blatt Papier aus einem Spiralblock. Darauf standen ein paar Verszeilen. Kein Versmaß, kein durchschaubares Reimschema. Die Zeilen waren völlig unterschiedlich lang. „Gut, Rod", sagte ich entmutigt, „ich glaube, man muß noch ein bißchen dran arbeiten."

„Das ist okay. Ich will, daß es gut wird. Sag mir einfach, was noch nicht in Ordnung ist."

Also machte ich meine Vorschläge und schickte ihn fort. *Er läßt es jetzt hoffentlich bleiben. Das geht über seinen Verstand. Wahrscheinlich hat er nicht mal verstanden, was ich gemeint habe,* dachte ich.

So war es auch. Aber er kam am nächsten Abend mit demselben zerknitterten Zettel zurück. Er hatte darauf heftig herumradiert. Seine Mühen hatten die alte Version nicht verbessern können. Ich versuchte, es ihm noch einmal zu erklären. Er hörte mir zu und nickte.

Am nächsten Abend war er wieder da.

Es dauerte Monate, aber allmählich wurde aus seiner Schöpfung ein erkennbares Lied. Es war undenkbar, daß Rod, hoffnungslos unmusikalisch, die Melodie hätte schreiben, geschweige denn singen können. Das sollte mein Beitrag werden. Immerhin hatte er den Text geschrieben.

Endlich war es soweit. Die Verszeilen waren alle hinreichend gleich lang, die Reime akzeptabel. Das war beeindruckend genug, aber noch erstaunlicher war, daß ein Sinn dahinter steckte. Rod hatte gute Arbeit geleistet. Es war fertig.

Nie werde ich Rods Gesicht vergessen, als ich an diesem Sonntagmorgen vor der Versammlung stand (Rod war zu aufgeregt zum Sitzen – er stand ganz hinten und zitterte), erklärte, wie das Lied entstanden war, und Rods Lied dieser kleinen Schar von Gläubigen vorsang. Unvergeßlich auch Rods Strahlen nach dem Gottesdienst, als alles sich um ihn scharte, um ihm zu danken.

Rod wurde durch diese Erfahrung nicht magisch verändert. Er war immer noch derselbe – verwirrt und traurig, arm und im Widerstreit mit seiner eigenen Persönlichkeit.

Trotzdem kann niemand die Wirkung des Dienstes bestreiten, der in dieser kleinen Kirche getan wurde. Hier kam ein einsamer, zorniger junger Mann, der in der Gesellschaft keinen Platz fand und mit dem Gesetz ins Gehege gekommen war. Zu seiner sogenannten „Familie" hatte er keinen Kontakt mehr. Nun fand sich aber eine Gruppe von Menschen, die weiter nichts von ihm verlangte, als ihm zeigen zu dürfen, was Christus für sie bedeutete. Sie standen ihm einfach bei.

Und deswegen war es Rod möglich, ein Lied zu schreiben.

Wie viele andere da draußen hätten auch das Zeug dazu, ein Lied zu schreiben, wenn sie nur genug Liebe bekommen würden?

Vers des Tages:

Sondern was töricht ist vor der Welt, das hat Gott erwählt, damit er die Weisen zuschanden mache; und was schwach ist vor der Welt, das hat Gott erwählt, damit er zuschanden mache, was stark ist.

1. Korinther 1, 27

Zum Nachdenken:

Entscheidend sind die „verborgenen Möglichkeiten". Jeder ist enttäuscht, wenn er weiß, daß er zu irgend etwas fähig wäre, aber keine Chance dazu bekommt. Man braucht wirklich eine Begabung, solche verborgenen Möglichkeiten zu erkennen. Hast du diese Begabung? Kannst du im Zweifelsfall solchen Menschen vorschlagen, etwas zu versuchen, wozu niemand anders sie für fähig hält? Niemand hätte gedacht, daß Rod ein halbwegs vernünftiges Lied schreiben könnte; weil er aber eine Chance bekam, überraschte er seine Mitmenschen.

Wen kennst du, dem du solche verborgenen Fähigkeiten zutraust? Was könntest du tun, um diesen Möglichkeiten ans Tageslicht zu helfen?

Hey!

Die Bibel steckt volle Geschichten von unfähigen Menschen, d große Dinge zustand brachten, weil Gott ihnen half, wie in Mose 3,1–4,17

Drei heiße Typen

Es war das größte Rockkonzert der Geschichte.

Der König hatte das Konzert zu seiner eigenen Ehre aufgezogen. (Er war eben ein bißchen eingebildet.) Er hatte sogar eine dreißig Meter hohe goldene Statue von sich aufgestellt und verlangte, daß jeder Besucher sich vor ihm beugen und ihn anbeten solle, wenn die Band zu spielen angefangen hatte. (Er war wohl ziemlich eingebildet.) Er bestand darauf, daß jeder, der sich nicht vor ihm beugte, in den riesigen Ofen geworfen werden sollte, der neben der Statue errichtet worden war. (Okay: er war *mega-eingebildet.*)

Der Tag kam. Der König gab das Signal. Der Leadgitarrist, von Kopf bis Fuß im Glitzerfummel, ließ einen Akkord losdröhnen, und der Rest der Band setzte ein wie wildgewordene Hunnen. Das ganze Publikum fiel vor der goldenen Statue anbetend zu Boden. Es sah aus, als wären sie alle gleichzeitig erschossen worden.

Also, alle fielen nieder, das heißt, alle außer drei jüdischen Jungen, die sich weigerten, dem Befehl des Königs zu gehorchen. Die drei wurden von den Spionen des Königs sofort entdeckt. (Wenn alles um dich rum am Boden liegt und du stehen bleibst, dann wirst du *ziemlich schnell* entdeckt.)

Der König war stinksauer. Er ließ die drei zu sich bringen. „Verbeugt euch gefälligst!" befahl er. „Oder ich lasse euch in meinem Ofen grillen!"

Die Antwort lautete ungefähr so: „Wir haben es nicht nötig, mit dir um unsere Haut zu streiten. Wenn du vorhast, uns in diesen Ofen zu werfen, dann ist unser Gott groß genug, uns zu retten. Wenn er uns aber nicht rettet, dann sollst du wissen, König, daß wir eben nicht deinen Göttern dienen oder dein goldenes Standbild anbeten!"

Der König explodierte, wie man sich vorstellen kann. Er ließ seine Leute den Ofen siebenmal heißer als sonst feuern und befahl seinen fiesesten Bodyguards, die drei zu verschnüren und in den Ofen zu werfen. Das Feuer war inzwischen so ungeheuer angeheizt, daß die Bodyguards selbst angesengt wurden, als sie die Jungen reinwarfen.

Was der König dann sah, ließ ihn total ausflippen. Nicht nur, daß die drei Jungen ganz cool in den Flammen herumspazierten. Da war noch jemand bei ihnen, der aussah wie ein Engel. Vor Angst und Verblüffung rief der König ihnen zu, sie sollten herauskommen.

Als sie aus dem Feuer herausschlenderten, war weder ihr Haar noch ihre Kleidung versengt. Sie hatten nicht mal eine Rauchvergiftung. (Es gibt da ein paar Oberschüler, die das bei der Rückkehr von der Pause nicht von sich behaupten könnten.) Der König hatte wenigstens den Mumm zuzugeben, daß er geschlagen war. Er pries den Gott, der den Engel geschickt und die jungen Leute gerettet hatte. Sie hatten auf Gott vertraut und sich geweigert, nach dem königlichen Befehl zu handeln. Sie waren eher bereit gewesen, ihr Leben aufzugeben, als einem Götzen zu dienen oder ihn anzubeten, der mit ihrem eigenen Gott nichts zu tun hatte.

Hier zwei Fragen, über die du nachdenken kannst:

1. Gibt es irgendwelche Götter in deinem Leben, die dir wichtiger sind als der wahre Gott?

Ich spreche nicht von Statuen, die du auf dem Klo versteckt hast. Ich meine so etwas wie eine Beziehung, einen Lebensstil, gesellschaftliches Ansehen oder Eigentum.

2. Was hältst du vom Glauben dieser drei Teenager?

Sie verlangten von ihrem Gott nicht, daß er sie vor dem entsetzlichen Tod im Ofen bewahrte. Sie glaubten, daß er es konnte, und durch die Kraft dieses Glaubens fegten sie jeden Kompromiß vom Tisch. Sie waren sich absolut im klaren, daß er sich entschließen konnte, sie *nicht* zu retten. Wenn du nicht anders bist als ich, dann gibt es Situationen, wo du dich einfach abseilst, um dir peinliche Momente zu ersparen.

Und wenn es dir so geht wie mir, dann kannst du von Schadrach, Meschach und Abednego (für die Namen können sie ja nichts ...) viel lernen.

Vers des Tages:

Da fing Nebukadnezar an und sprach: „Gelobt sei der Gott Schadrachs, Meschachs und Abednegos, der seinen Engel gesandt und seine Knechte errettet hat, die ihm vertraut und des Königs Gebot nicht gehalten haben, sondern ihren Leib preisgaben; denn sie wollten keinen andern Gott verehren und anbeten als allein ihren Gott!"
Daniel 3, 28

Vorschlag:

Vielleicht solltest du heute Gott die rechtmäßige Stellung in deinem Leben verschaffen. Lies erst einmal Daniel 3, wenn du es noch nicht getan hast. Wenn es bei dir Dinge oder Leute gibt, die dir wichtiger sind als Gott, schreibe ihre Namen auf ein Blatt Papier. Anschließend verbrenne das Papier als Symbol, daß du diese anderen Dinge nicht mehr als Hindernis zwischen dir und Gott haben willst. Bitte Gott darum, Nummer Eins in deinem Leben zu werden.

Hey!

Lies die ganze spa nende Geschichte von diesen drei „coolen" Jugendlichen in Daniel 3.

Achte heute auf Gelegenheiten, für deinen Glauben einzustehen. Laß dich vom Glauben Schadrachs, Meschachs und Abednegos inspirieren.

„Kontrollzentrum an Mariner 7..."

Du bist an Bord von Mariner 7, dem Raumschiff, das den Mars umkreist, und entspannst dich ein bißchen, bevor du und die anderen von der Mannschaft die erste bemannte Landung unternehmen. Ein historischer Augenblick! Es knistert etwas im Lautsprecher, und eine Stimme dringt in euer andächtiges Schweigen: „Kontrollzentrum an Mariner 7. Kontrollzentrum an Mariner 7."

„Kann einer mal nachfragen, was die wollen?" brummt der Kommandant aus seiner Koje, den Arm über das Gesicht gelegt.

„Hören Sie genau zu", fährt der Sprecher fort. „In unseren ursprünglichen Berechnungen sind Fehler entdeckt worden. Sie müssen bei der Landeprozedur einige wichtige Änderungen vornehmen. Ich wiederhole: Es sind Fehler entdeckt worden..."

„Kümmert ihr euch darum!" gähnt ein anderer Astronaut und saugt etwas Schokoladeähnliches aus einer Tube. Aber die beiden andern schlafen, und du bist in eine Illustrierte vertieft.

„Sollten die neuen Anweisungen bei der Landeprozedur nicht beachtet werden, könnten Auftrag und Leben der Mannschaft gefährdet sein. Es folgen die genauen Anweisungen. Ich wiederhole: Es folgen die genauen Anweisungen. Erstens..."

Die Kapsel ist auf ihrer Bahn um den Mars. Genaue Anweisungen werden erteilt und könnten sich als lebensrettend erweisen – aber niemand achtet darauf. Die Kommunikation ist ernsthaft gestört, doch weder elektronische Ausrüstung noch Kontrollzentrum sind schuld daran. Es sind die Ohren. Die Botschaft ist da – aber keiner hört hin.

Leider ist das eine wahre Geschichte. Nicht, was die Marslandung angeht – zumindest noch nicht. Aber wir alle können mit eigenen Händen nach den exakten Instruktionen greifen, die wir brauchen, um sicher durch diese schwierige, ständig wechselnde Mission geleitet zu werden, die man Leben nennt. Meistens aber schippern wir ohne Instruktionen los. Bis es plötzlich zu einer ruckartigen Landung kommt, bei der jemand verletzt wird. Dann wühlen wir nach den Gebrauchsanweisungen und regen uns auf: „Warum läßt das Kontrollzentrum so etwas zu?“

Mit unserem Buch haben wir unter anderem eine Absicht verfolgt: unsere Leser an die Gebrauchsanweisung für das Leben heranzuführen: die Bibel. Wir haben zum Beispiel zu zeigen versucht, daß viele Bibelstellen sich auf einen wichtigen Lebensbereich anwenden lassen, daß die Bibel Fragen stellt, die du dir beantworten mußt (lies nach in 2. Timotheus 3, 16). Allzuleicht gewöhnt man sich daran, die Bibel nur auf andere anzuwenden. Dann findet man bei jeder Stelle etwas, das Anja lesen sollte, Tommy oder Chris hören müßten. Aber die Bibel wendet sich an *dich*. Sie ist direkt für *dich* geschrieben worden. Die Botschaft darin handelt von *dir*.

Als Teenager stehst du am Anfang einer neuen, schwierigen und, ehrlich gesagt, auch gefährlichen Mission. Da wirst du kaum den Fehler machen wollen, präzise Anweisungen zu mißachten, die der Planer der ganzen Mission dir gegeben hat. Vor allem weiß er, wie sie zum Abschluß kommen soll.

Unser Gebet für dich ist das gleiche, wie das, das Paulus im Vers für heute für die Gemeinde in Philippi gebetet hat. Nicht gerade leicht, die Richtung einzuschlagen, die wir nach diesem Vers nehmen sollten. Eigentlich ist es ohne Gebrauchsanweisung gar nicht möglich.

Wenn alles andere versagt, lies einfach die Gebrauchsanweisung.

Vers des Tages:

Und ich bete darum, daß eure Liebe immer noch reicher werde an Erkenntnis und aller Erfahrung, so daß ihr prüfen könnt, was das Beste sei, damit ihr lauter und unanstößig seid für den Tag Christi, erfüllt mit Frucht der Gerechtigkeit durch Jesus Christus zur Ehre und zum Lobe Gottes.

Philipper 1, 9–11

Vorschlag:

Wenn du einmal täglich in diesem Buch hier liest oder auch nur ein paarmal die Woche, dann liest du wöchentlich mindestens ein paar Verse aus der Bibel. Versuch einmal, diese Woche beim Bibellesen besonders auf zwei Dinge zu achten:

1. Suche bei jeder Stelle, die du liest, nach besonderen Anweisungen von Gott, wie du persönlich dich bei der Mission „Leben" auszeichnen und richtig auf seine Tips eingehen kannst.

2. Laß dich nicht auf die Versuchung ein, die Lehre aus diesen Versen auf jemand anders anzuwenden. Lies diese Woche die Bibel *in eigener Sache* – nicht für deinen Bruder, deine Eltern oder deine Freunde. Laß Gott *dir* zeigen, was *du* ändern mußt.

Hey!

Hast du schon 2. Timotheus 3, 16 gelesen? Wenn nicht, lies jetzt nach. Du erfährst dort, woher die Bibel kommt und wozu sie gut ist.

Die Brücke

(Dave)

Wir stiegen aus dem Auto und gingen über den Rasen auf den Bach zu. Andere Familien im Park spielten Frisbee oder grillten Hamburger; man hörte sie in der warmen Frühlingsluft fröhlich lachen. Aber meine Tochter und ich sahen uns nicht an und wechselten kein Wort. Keinem von uns war nach Lachen zumute.

„Setzen wir uns auf die Bank", sagte ich und zeigte darauf. Wir gingen auf einer Holzbrücke über den Bach, und Sarai blieb stehen.

„Geh schon mal vor", sagte sie. „Ich muß erst mal eine rauchen." Sie wühlte in ihrer Jackentasche nach einer Packung Zigaretten.

Noch vor ein paar Tagen wäre ich in die Luft gegangen, wenn sie es gewagt hätte, in meiner Gegenwart zu rauchen, aber heute ging ich einfach weiter und setzte mich auf die Bank.

Wir waren hergekommen, weil wir einen Entschluß fassen mußten. Bei uns zu Hause hatte sich alles so negativ zugespitzt, daß uns beiden klar war, wie dringend eine Veränderung nötig war. Wir alle in der Familie wußten, daß Sarai knietief in Drogen- und Alkoholproblemen steckte. Wir hatten sogar Drogen im Haus gefunden. Sie war ein paarmal weggelaufen und manchmal eine ganze Woche fortgeblieben. Ich hatte herausgefunden, daß sie sich auch nachts aus dem Haus schlich und erst am frühen Morgen wiederkam. Meistens schwänzte sie die Schule. Unser Familienleben war praktisch eine Katastrophe geworden. Kein Wunder bei all dem Gebrüll und der Wut, die sich beim Umgang mit unserer Tochter einstellten. Anscheinend haßte sie uns.

Heute aber war mir besonders deutlich geworden, wie nahe unsere Familie vor dem Zerfall stand. Sarai war von der Schule abgegangen und am frühen Nachmittag in der anderen Schule aufgetaucht, wo ihre Stiefmutter (meine Frau) unterrichtete. Nachdem sie ihre Stiefmutter, die gerade telefonierte, minutenlang mit Flüchen und Beleidigungen bombardiert hatte, stapfte Sarai zum Auto und fuhr weg. Meine Frau stand in Tränen, umgeben vom

Schulleiter und anderen Lehrern, die wegen des Lärms herbeigeeilt waren.

Das war zuviel! So ein übles Benehmen konnte ich nicht durchgehen lassen.

Als ich an diesem Nachmittag zusah, wie Sarai auf der Brücke stand und ihre Zigarette rauchte, versuchte ich mir vorzustellen, was sie von mir hielt. War ich für sie autoritär? Gefühlskalt? Ein Spielverderber? Verständnislos? Zornig?

In Wirklichkeit war ich untröstlich. Das Mädchen da auf der Brücke mit der Zigarette war dieselbe, die ich ein paar Minuten nach ihrer Geburt schon gesehen, der ich unzählige Male die Windeln gewechselt hatte. Nächtelang war ich mit ihr im Arm im Zimmer auf- und abgegangen, damit sie wieder einschlief. Ich dachte an alles, woran sie sich heute bestimmt nicht mehr erinnerte: wie ich sie ins Bett brachte, ihr Schlaflieder sang, an die Elternabende, an die Tränen, die ich ihr trocknete; wie ich sie im Krankenhaus besuchte, wo sie mit gebrochenem Bein lag; wie ich ihr zusah, wenn sie friedlich schlief.

Vielleicht fiel es mir wie den meisten Eltern schwer, meiner älter gewordenen Tochter zu sagen, daß ich sie liebte. Aber ich liebte sie so sehr, daß es fast weh tat. Ich hatte furchtbare Angst um sie, denn sie war dabei, sich selbst zu zerstören. Und ich stand hilflos daneben, weil ein so tiefer Graben zwischen uns war, daß ich ihn beim besten Willen nicht überbrücken konnte. Ich wußte genau, daß ich diesen Graben erst überqueren konnte, wenn etwas passierte: wenn sie sich mir zuwenden und aufhören würde wegzurennen. Ich war ihr so weit entgegengekommen, wie es ging. Nur Sarai hatte es jetzt in der Hand, daß wir einander wieder lieben konnten. Sarai aber lief immer noch weg, so schnell sie konnte.

Sie schnippte die Kippe in den Bach und kam zur Bank. Das Gespräch an diesem Tag brachte keine Lösung; wir sprachen so miteinander, als wären wir zwei völlig Fremde. Obwohl ich mir nicht vorgestellt hatte, daß es noch schlimmer kommen könnte, passierte in den nächsten paar Tagen genau das.

Diese Geschichte hat kein Happy-End. Sarai und ich arbeiten weiter an unserem Verhältnis, also geht auch die Geschichte weiter. Aber die Fortsetzungen werden freundlicher. Sarai hat einige Monate Behandlung hinter sich. Das hat ihr geholfen, mit dem destruktiven Drogenkonsum aufzuhören und die selbstzerstörerischen Gefühle zu verstehen und zu bewältigen, die der Grund für ihre Lebensweise waren. Die Beziehung zwischen Sarai und mir wie auch den anderen in der Familie ist freundlicher und liebevoller geworden. Wir gehen jetzt viel klüger miteinander um als vorher.

Die beiden Leute, die damals auf der Bank saßen und nicht ausdrücken konnten, was sie füreinander empfanden, haben gelernt, miteinander zu reden. Es fällt mir heute leicht, Sarai zu sagen, wie sehr ich sie liebhabe. Und Sarai kann mir inzwischen sagen, was sie damals dachte, als sie auf der Brücke stand und rauchte: wie sehr sie eine warme, liebevolle Beziehung zu mir entbehrte. Wie gern sie mich sagen gehört hätte: „Ich habe dich lieb". Wie gern sie das geglaubt hätte. Wie sehr sie ihren Vater brauchte.

Wenn ein Kind älter wird, wird die Beziehung zwischen ihm und den Eltern oft gespannter. Auf beiden Seiten gibt es schlechte Gefühle und Zorn. Wenn sich aber eine Entfernung auftut, gibt es nur wenige Jugendliche, die sich nicht nach der Wärme der Beziehung zu Vater und Mutter sehnen, die sie verloren haben. Und es gibt wenige – wenn überhaupt! – Eltern, die nachts nicht wachliegen und sich fragen, wie sie den Graben überbrücken können, um das Kind in den Arm zu nehmen und sagen zu können: „Wird alles schon wieder werden. Ich hab' dich lieb."

Auch deine Eltern wollen das. Gib ihnen, was schließlich auch Sarai mir gegeben hat: die Chance, ihr Kind zu lieben.

Vers des Tages:

Du sollst deinen Vater und deine Mutter ehren, wie dir der Herr, dein Gott, geboten hat, auf daß du lange lebest und dir's wohlgehe in dem Land, das dir der Herr, dein Gott, geben wird.

5. Mose 5, 16

Vorschlag:

Hey!

Brauchst du ein paar gute Richtlinien im Umgang mit deinen Eltern? Halte dich an den Rat aus Epheser 4, 29–32.

Wenn es in letzter Zeit zwischen dir und deinen Eltern immer wieder kracht, dann such dir deine eigene „Brücke“ mit passender Parkbank. Frage sie, ob sie Zeit für ein Gespräch haben, damit ihr versuchen könnt, die Probleme durchzuarbeiten.Vielleicht sind sie nicht begeistert. Sie könnten glauben, daß du nur einen Vorwand zum Streiten suchst. Mache ihnen also deutlich, daß du unglücklich darüber bist, wie sich euer Verhältnis entwickelt hat und daß du die Chance haben willst, gemeinsam mit ihnen etwas dagegen zu tun. Wenn sie dazu bereit sind, solltest du eher zuhören als reden und mit aller Kraft zu verstehen versuchen, was deine Eltern eigentlich meinen. Frage aber auch danach, wie sie sich in letzter Zeit gefühlt haben.
Wenn zwischen dir und deinen Eltern alles klar ist, passe heute eine Gelegenheit ab, ihnen zu zeigen, daß du zu schätzen weißt, was sie für dich tun.
Gib ihnen eine Chance!
Hast du Hilfe nötig, um mit den Streitigkeiten bei dir zu Hause umzugehen? Lies Kens Buch *Wie lebe ich mit meinen Eltern, ohne durchzudrehen.* Das bringt wirklich was!

Du bist unbezahlbar

Als ich noch ein Teenager war, verpaßte unsere Familie keinen einzigen Gottesdienst. Ich hatte aber gar keine Lust dazu. Im Grunde war es mir peinlich, überhaupt gesehen zu werden. Ich war ziemlich gut gepolstert und hatte Akne im Endstadium.

Meine Eltern gaben ein Vermögen für Anti-Akne-Tupfer aus. Das Zeug half kein bißchen. Das weiß ich so genau, weil ich sechs Jahre lang jeden Morgen zwei Stück davon gegessen habe.

Eines Morgens sah meine Sonntagsschullehrerin mit strahlendem Lächeln jeden einzelnen in der Gruppe an und sagte: „Gott hat euch geschaffen!"

Gott hatte mich *so* geschaffen? Wie konnte das passieren? Hat er damals experimentiert? Ich sah es praktisch vor mir. Gott kommt in die Werkstatt und sagt: „Heute wollen wir mal was anderes versuchen. Wir nehmen ein bißchen mehr davon und mischen es damit..." Als er dann sah, was er geschaffen hatte, sagte er: „Oh – Oh!"

Augenblick mal. Ich bin doch nicht der einzige, der schon mal gedacht hat, Gott hätte ihn an einem seiner schlechteren Tage gemacht, oder? Viele von uns haben ein schwaches Selbstwertgefühl. Und das kommt nur dadurch zustande, daß man meint, Gott hätte alles vermasselt. Einmal erzählte mir ein Mädchen, daß sie glaube, Gott hätte wohl gerade geniest, als er ihr die Nase aufsetzte. Wenn du auch so denkst, muß ich etwas klarstellen: Gott hat noch nie etwas Mißratenes gemacht. In Gottes Wörterbuch kommt das Wort „Fehlschlag" einfach nicht vor.

Trotzdem fühlte ich mich damals wie ein Doppelwhopper mit Pizzagesicht. Aus meiner Sicht hatte Gott entweder einen Fehler gemacht oder mich aus irgendeinem Grund schrecklich bestraft, vielleicht dafür, daß ich im Bauch meiner Mutter zufällig eine obszöne Geste gemacht hatte. Also war mir eine glatte, schöne Haut, ein athletischer Körper und ein klarer Verstand versagt geblieben.

Aber das stimmt nicht.

Und das ist die Wahrheit:

Gott macht keine Fehler. Und Gott schafft keine Mißgeburten, weil irgendwann in der Vergangenheit gesündigt wurde.

Ehe die Welt gegründet war, hatte Gott schon ein Bild von dir an der Wand hängen. Er kannte deinen Namen und jeden Winkel deines Profils, selbst den genauen Klang deiner Stimme. Du bist sein Meisterstück, das er nicht anders entworfen und geschaffen hat, als er es wollte. Deshalb bist du vollkommen und kannst ihm Ehre machen. Du bist nach seinem Bild gemacht.

Manchmal schwer zu glauben, nicht? Wenn du findest, daß meine Worte nur heiße Luft sind, lies den Vers des Tages. Du bist nach Gottes Plan geschaffen! Als er die Form aufbrach, zeigte sich, daß es dich nur einmal auf der Welt gibt. Seltene Gemälde und Briefmarken bringen Millionen ein. Du bist viel wertvoller – weil du einzigartig bist als Sohn oder Tochter Gottes.

Da kannst du dich ruhig darüber freuen.

Vers des Tages:

Denn in ihm hat er uns erwählt, ehe der Welt Grund gelegt war, daß wir heilig und untadelig vor ihm sein sollten; in seiner Liebe hat er uns dazu vorherbestimmt, seine Kinder zu sein durch Jesus Christus nach dem Wohlgefallen seines Willens.

Epheser 1, 4.5

Vorschlag:

Geh zum Spiegel und schau dich an. Mach schon! Nimm das Buch hier mit. Also – was gefällt dir nicht daran, wie du geschaffen bist? Zu groß? Zu klein? Du kannst nicht singen, hast nicht die richtige Figur, bist nicht klug genug? Vielleicht hast du keine speziellen Einwände – vielleicht meinst du aber auch, daß es dir besser gehen würde, wenn du überhaupt jemand anders wärst. Schreib auf ein Blatt Papier, was du an dir am liebsten anders haben würdest. Dann sprich mit Gott darüber – und versuche zuzuhören, wenn er dir klarmacht, warum er dich so geschaffen hat, wie du bist.

Jetzt schau wieder in den Spiegel und danke Gott, daß er dich genau so geschaffen hat. Glaub mir, in Wirklichkeit möchtest du gar niemand anders sein! Nimm dir für heute vor, diese wunderbare Schöpfung so einzusetzen, daß du Gott Ehre machst – und zwar so gut, wie es geht!

Hey!

Psalm 139 gehört zu den deutlichsten und stärksten Aussagen in der Bibel; Gott hat uns genau so geschaffen, wie er es wollte

Eingefahrene Gleise

Ich muß immer wieder staunen, welche Mühe sich die Leute geben, um nicht an Gott glauben zu müssen.

Manche von den berühmtesten Wissenschaftlern, die je gelebt haben, gaben etwa folgende Meinung zum Ausdruck: „Ich weiß nicht, ob die Bibel real ist oder ob Fakten in ihr stehen, aber ich glaube trotzdem nicht daran."

Wie kommt man dazu, vor der Wahrheit wegzulaufen? Möglicherweise, weil es keine vernünftige Alternative gibt, als dem Gott dieser Bibel zu glauben, wenn es stimmt, was darin steht. Traurigerweise ist der Menschheit offenbar jedes Mittel recht, sich drumherum zu mogeln. Man lebt eben lieber mit der Unehrlichkeit als mit Gott.

Dutzende von Philosophien haben die Menschen schon über sich ergehen lassen, mit denen man unsere Existenz zu erklären versucht hat. Woher kommt die Welt? Wie funktioniert sie? Was hat all das zu bedeuten? Immer hat man versucht, bei diesen Erklärungen Gott auszulassen. Denn wenn Gott der ist, von dem die Bibel spricht, und wenn er getan hat, was in der Bibel steht, dann müßten wir zu Boden sinken und ihn anbeten.

Wenn der Mensch versucht, seine Existenz zu begreifen, fängt er meist mit einer unausgesprochenen Voraussetzung an: „Ich will Gott nicht als den anerkennen, der er ist. Also lasse ich ihn bei meinen Folgerungen einfach aus." Daraus ergibt sich eine lückenhafte, verzerrte Philosophie und Religion nach der anderen. Jeder Versuch, den einen, wahren Gott auszuklammern, ist Wahnsinn.

Es gibt auf Erden keine rationale Philosophie, die den Ursprung unseres Daseins erklären könnte, wenn Gott nicht Bestandteil dieser Erklärung ist. Nachdem die Menschen so vieles durchdacht hatten, wurde allmählich deutlich, daß sie ohne Gott *niemals* eine angemessene Erklärung ihrer Existenz finden würden. Daraus schloß man: „In Ordnung. Wir akzeptieren, daß unser Leben keinen Sinn hat. Der Mensch existiert – mehr läßt sich dazu nicht sagen. Es gibt keinen Plan für das Leben, keine Bedeutung. Man wird geboren, man lebt, man stirbt. Das ist alles. Wir sind nicht anders als die Tiere, und das Leben ist ein grausamer Scherz."

Und diese traurige Philosophie, *Existentialismus* genannt, ist die Gedankenwelt der Kultur, in die du hineingeboren wurdest. Sie lehrt, daß es keine absoluten Werte und keinen Sinn gibt. Sie ist ein letzter, verzweifelter Versuch, das Leben ohne Gott zu erklären.

Solange wir weder Mut noch Verstand genug haben, ein paar Schritte aus diesen eingefahrenen Gleisen zu machen, müssen wir uns weiterhin mit solchen Dingen herumschlagen.

Ich weiß, es ist nicht einfach, sich davon abzusetzen. Wenn ich ehrlich bin, muß ich zugeben, daß ich auch manchmal jetzt noch diesen Denkmustern folge. Es ist schwierig, nichts mehr zu lesen oder im Fernsehen anzusehen, das den Verstand versumpfen läßt. Solche Entscheidungen sind ohne Mut unmöglich. Ein Leben als Christ zu führen, sich so radikal zu entscheiden, wie man es als Christ manchmal muß – das ist hart.

Immerhin war Gott ehrlich zu uns. Er hat nie gesagt, daß wir es leichthaben werden. Ganz im Gegenteil. Aber Jesus hatte mit den gleichen Schwierigkeiten zu kämpfen wie wir – und widerstand ihnen. Er wird uns helfen, das gleiche zu tun.

Sag also nicht, es sei unmöglich. Mit Gottes Hilfe kommst du aus den eingefahrenen Gleisen heraus.

Vers des Tages:

Bisher hat euch nur menschliche Versuchung getroffen. Aber Gott ist treu, der euch nicht versuchen läßt über eure Kraft, sondern macht, daß die Versuchung so ein Ende nimmt, daß ihr's ertragen könnt.
1. Korinther 10, 13

Vorschlag:

Was sind deine „Schienen“, von denen du loskommen mußt? Was schadet deinem Leben als Christ, was sind die schlechten Angewohnheiten, die du immer wieder ausgräbst, weil du so gern damit spielst? Vielleicht kommt es dir zu aussichtslos vor, dir alle Probleme auf einmal vorzunehmen. Such dir also für heute nur eins aus, etwas, das du unbedingt aufgeben mußt und das dich auch heute wieder stressen wird, wie du genau weißt.
Nimm dir fest vor, heute dieser Versuchung zu widerstehen. Dann achte darauf, was für einen Ausweg Gott dir zeigt. Denk daran: Seine Macht, nicht deine eigenen Kräfte, macht alles möglich.
Fasse deine Entschlüsse immer nur für einen Tag. Am nächsten Tag, morgen, entschließt du dich dann, das gleiche zu tun.

Hey!

Du brauchst nicht herumzusitzen und auf den Zug der Zeit zu warten. Lies Jakobus 4, 7.

Ein Schatz im Schrank

(Dave)

„Und wenn ich noch mehr von diesen Rechnungen kriege ...“ Der Mann fuchtelte mit dem Umschlag vor dem Gesicht seiner Tochter herum und ließ seinen Frust ab. „... Dann *reicht's!* Dann hast du das letzte Mal die Kreditkarte gekriegt!“

Seine Tochter und ich gingen damals gemeinsam zur Oberschule und waren ziemlich gut befreundet. Allerdings hatte ich so viele Streitereien mit ihren Eltern mitbekommen, daß ich blind und taub hätte sein müssen, wenn ich nicht gemerkt hätte, daß ihre Kaufgewohnheiten zum Problem geworden waren. Offen gesagt, auch ich ärgerte mich darüber. Es ging nicht nur um Benzin für das Auto; sie gab in einem Monat für Kleidung, Parfum, Schallplatten und alle möglichen Sachen mehr aus als ich in einem Jahr. Das paßte nicht zu ihrer sonst vernünftigen Einstellung. War das noch gut für sie? Oder war ich bloß neidisch, weil ich selbst nicht so viel ausgeben konnte?

Ich paßte also eine Gelegenheit ab, mit ihr darüber zu reden. Als ich sie eines Abends zu einem Konzert abholte und sie auf dem Weg zum Auto fragte, wie mir ihr neues Kleid gefalle, war es soweit.

„Sieht toll aus“, sagte ich, obwohl es eher sie selbst war, die toll aussah. Das Kleid war mir egal. „Wo hast du es her?“

Sie sagte es mir, und ich pfiff beeindruckt. „Muß viel gekostet haben.“

Sie kicherte. „Frag lieber nicht, wieviel.“

Jetzt oder nie, dachte ich und lenkte das Auto aus der Einfahrt. „Manchmal frage ich mich, ob dir die ganzen Sachen nicht etwas zu wichtig sind. Ich meine, manchmal kriegst du deswegen ja sogar Streit mit deinen Eltern, und die sind keine Christen. Hättest du nicht mehr davon, weniger auszugeben und das Verhältnis zu ihnen zu verbessern, damit sie ganz anders zuhören, wenn du von Jesus erzählst? Der ganze Kram könnte dir wichtiger werden als Gott.“

Sie sah beleidigt aus, tat es aber mit einem Lachen ab. „Ach, mach bloß keine große Geschichte daraus. Meine Eltern sind gar nicht so. Außerdem bin ich ja nicht süchtig nach dem Zeug. Ich kaufe es mir, weil wir es uns leisten können. Und wenn ich aber abgeben müßte ...“ Sie schnippte mit den Fingern. „Das wäre für mich bloß ein Klacks.“

Wirklich? Das war eher fraglich. „Wo dein Schatz ist, da wird auch dein Herz sein“, sagte Jesus in Matthäus 6, 21. Hätte sie so einfach ihren Besitz liegenlassen oder weggeben können, mit dessen Kauf sie ihre Eltern verärgert hatte? Wenn Jesus nicht ganz Unrecht hatte, hing ihr Herz an ihrem Kleiderschrank.

Ich hab's nicht herausgefunden. Im Lauf des nächsten Jahres verschlechterte sich ihr geistlicher Zustand so sehr, daß die Frage, ob sie *überhaupt* etwas für Gott aufgeben würde, gar nicht mehr aufkam. Dann verlor ich sie aus den Augen.

War die Bindung an ihre Klamotten und den anderen Besitz zur Ursache für ihre geistlichen Probleme geworden? Ich weiß es nicht. Vielleicht hat es sich nur um ein Symptom für tiefere Probleme gehandelt. Aber die Bibel sagt uns mit dem heutigen Vers ziemlich deutlich, daß wir uns an die Dinge binden, die wir am meisten schätzen.

Wie sehr hänge ich an materiellen Dingen? Es ist nicht verkehrt, Pläne für die Zukunft zu machen oder etwas zu besitzen. Aber wieviel Zeit geht beim Planen und Ausmalen drauf, oder beim Einkaufen? Wieviel bei der Pflege und bei der Beschäftigung mit Dingen, die mir schon gehören? Habe ich noch Zeit für Gott übrig, wenn ich damit fertig bin? Wenn nicht, oder wenn er nur noch den Rest meines Tages bekommt – das, was übrigbleibt, wenn ich alles, was mich in Anspruch nimmt, abgezogen habe –, dann hat sich etwas zwischen mich und Gott gestellt.

Wenn ich wüßte, daß Jesus morgen wiederkommen würde, wäre ich dann traurig wegen all der schönen Dinge, die ich zurücklassen müßte?

Woran also hängt mein Herz?

Vers des Tages:

Ihr sollt euch nicht Schätze sammeln auf Erden, wo sie die Motten und der Rost fressen und wo die Diebe einbrechen und stehlen. Sammelt euch aber Schätze im Himmel, wo sie weder Motten noch Rost fressen und wo die Diebe nicht einbrechen und stehlen. Denn wo dein Schatz ist, da ist auch dein Herz.
Matthäus 6, 19–21

Hey!

Willst du wissen, warum Jesus Menschen, die einen Hau fen Besitztümer sam meln, „Narren" nennt? Lies Lukas 12, 13–21.

Vorschlag:

Zeit für eine Bestandsaufnahme. Was von deinen Sachen würdest du ungern aufgeben, selbst um Gottes willen?
Hab keine Angst, es zuzugeben. Mach eine Aufstellung von allen Dingen, die dir wirklich viel bedeuten, und dann tu so, als hätte dich jemand aufgefordert, eins nach dem andern für Gott aufzugeben. Könntest du das? Was für Gefühle kommen beim bloßen Gedanken daran auf?
Jetzt lies die Verse von heute noch einmal. Wird es Zeit für eine Neubewertung?

Jona in den Lüften

An Bord einer Verkehrsmaschine, zehntausend Meter hoch über der Erde, war ich eines Abends so tief gesunken, wie meiner Vorstellung nach ein Mensch nur sinken konnte. Meine Familie und meine Arbeit drohten mir verlorenzugehen; ich hatte das Gefühl, daß sogar meine Seele mir entglitt. Der Aufruhr in meinem Innersten und der Schmerz waren so heftig, daß ich mich fragte, ob es sich überhaupt noch zu leben lohnte.

An diesem Abend sprach ich ein gefährliches, furchtbares Gebet: „Gott, ich will kein Christ mehr sein! In den Himmel will ich schon. Aber ich will mich nicht mehr zu einem christlichen Leben zwingen lassen. Ich will dem Kreuz den Rücken kehren und weglaufen. Ich bin an eine Familie gefesselt, die nicht merkt, daß ich berühmt und ein wunderbarer Mensch bin. Ich bin an eine Religion gefesselt, die von den Leuten, auf die es mir ankommt, nicht geachtet wird. Ich bin an einen Heiligen Geist gefesselt, der mich die Sünde nicht genießen läßt. Ich will kein Christ mehr sein!"

Ich tat mir an diesem Abend im Flugzeug selbst so leid, daß ich meinte, mein Gebet schreien zu müssen. Ich ließ es bleiben – man hätte mich bis zur Landung in eine Zwangsjacke gesteckt.

Zu meinem Glück aber ließ Gott mich selbst in meinem Leid das Gebet so beenden wie damals Jona, als er im Bauch des Wales steckte:

„Aber du hast mein Leben aus dem Verderben geführt, Herr, mein Gott! Als meine Seele in mir verzagte, gedachte ich an den Herrn, und mein Gebet kam zu dir . . ."

Also gab ich meinem Gebet noch diesen Zusatz: „Gott, ich weiß, daß ich mit all dem im Unrecht bin. Wenn du willst, daß ich *gern* mit dir lebe, dann mußt du dafür sorgen." Mit Tränen in den Augen flüsterte ich: „Hilf mir bitte, Gott."

Dann wartete ich ab, ob das Flugzeug vom Blitz getroffen wurde. Mir schoß der Gedanke durch den Kopf, daß ich dann für den Tod aller Passagiere im Flugzeug verantwortlich wäre, so wie damals vor Tausenden von Jahren Jona fast am Tod aller Leute auf dem Schiff Schuld gehabt hätte. (Und wenn sie nun geschrien hätten: „Wer hat Gott erzürnt und gemacht, daß er diesen Sturm sandte?“ Ich glaube, ich hätte nicht gesagt: „Gott hat diesen Sturm gesandt, weil ich vor ihm geflohen bin. Werft mich aus dem Flugzeug, und ihr seid gerettet. Gott wird für einen großen Vogel sorgen, der mich vom Himmel pflückt!“)

Das wäre eine tolle Geschichte gewesen, aber es kam kein Blitz. Statt dessen zog der Typ neben mir ein blödes kleines Buch aus der Tasche und versuchte tatsächlich mich zu bekehren. Ich werde nie seinen Blick vergessen, als ich diesen armen Mann in all seiner „Retterliebe“ zu meiner Schande fürchterlich beschimpfte. Ich sagte: „Du verschrumpelter Gartenzwerg – laß mich bloß in Ruhe! Ich bin schon Christ!“

Dieser Mann ließ mich dann in Ruhe. Aber später, an der Autovermietung im Flughafen, tippte er mir auf die Schulter und sagte: „Ich wollte mich bloß entschuldigen. Manchmal ist es mir so wichtig, die Gute Nachricht weiterzugeben, daß ich nicht sensibel genug bin.“ Dann schrieb er mir seine Telefonnummer auf und sagte: „Sie sind mir wirklich nicht gleichgültig.“

Ich habe ihn nie angerufen. Er mich auch nicht. Aber als er damals allein fortging, weinte ich, bis ich nicht mehr konnte.

Das war der erste Schritt von vielen, die mich wieder ins Lot brachten.

Gott gibt uns nicht auf. Er geht uns nach bis zum Ende unserer Tage. Warum erzähle ich diese Geschichte? Weil unser Leben nicht immer so läuft wie am letzten Tag einer tollen christlichen Freizeit, wo alles sich umarmt und sagt: „Denk immer daran, als Christ zu leben! Ich bete für dich!“ Es wird nicht immer so sein wie am ersten Tag, als du Jesus dein Leben anvertraut hast und so glücklich und bis oben voll Gefühle warst, daß du losrennen und allen von der Guten Nachricht erzählen wolltest. Die Gefühle der guten Zeiten schwinden; manchmal verschwinden sie ganz. Und wenn die guten Gefühle weg sind und die Enttäuschung einsetzt, dann wenden wir uns manchmal frustriert von Gott ab. Dann glauben wir, es sei von Anfang an ein Fehler gewesen, ihm nachzufolgen. Dann laufen wir vor Gott weg und sprechen solche Gebete: „Ich will kein Christ mehr sein!“ Deshalb ist einer meiner Lieblingsverse aus der ganzen Bibel der erste Vers des dritten Kapitels aus Jona: „Dann kam das Wort des Herrn ein zweites Mal zu Jona.“

Vielleicht hast du Gott den Rücken zugekehrt und dich von Jesus abgewendet, der für deine Sünden am Kreuz hing. Vielleicht hast du statt dessen einen Freund oder eine Freundin lieber; bei manchen sind es Geld, Beliebtheit, Drogen oder Alkohol oder Klamotten. Und deswegen fürchtest du dich davor, zu ihm zurückzukehren. Gerade ich kann dir aus voller Überzeugung sagen, daß Gott dir nicht mit der Faust droht, wenn du wieder zu ihm kommst. Er wartet schon sehnsüchtig auf dich und sagt: „Bist du jetzt soweit? Ich gebe dir eine zweite Chance.“

Gott hat Jona eine zweite Chance gegeben und mir auch. Gott wird auch dir die zweite Chance geben.

Aber erst einmal mußt du aufhören, vor ihm wegzulaufen. Mach kehrt und hol dir deine Chance.

Vers des Tages:

Ich liebe den Herrn, denn er hört die Stimme meines Flehens. Er neigte sein Ohr zu mir; darum will ich mein Leben lang ihn anrufen.
Psalm 116, 1.2

Vorschlag:

Das Erlebnis von heute ist gedacht für alle, die sich aus irgendwelchen Gründen mal so richtig bei Gott ausheulen wollen.
Macht es einfach.
Bist du wütend? Sag es ihm. Bist du traurig, weil du jemanden verloren hast? Er will es persönlich von dir hören. Bist du entmutigt und deprimiert? Sag es ihm. Wenn du weinst, hört er dich und geht auf dich ein. Vielleicht siehst du weder einen Blitz, noch vernimmst du eine Donnerstimme – aber er kümmert sich um dich und antwortet dir.
Das kannst du glauben!

Hey!

König David wußte, daß er sich vor Gott nicht verstecken konnte. Lies in Psalm 139, 7–12 nach, was darüber steht.

Spielregeln

Hier die einmalige Aufnahmeprüfung einer Pfadfindergruppe: Ein Junge, der aufgenommen werden soll, wird mit Augenbinde in den Wald geführt und zu einer alten, verlassenen Hütte mit Lehmboden gebracht. Wenn die ganze Gruppe dann in der Hütte versammelt ist, wird dem Neuling erzählt, daß in der Hütte ein alter Brunnen steht, in den viele unvorsichtige Pfadfinder schon hineingefallen wären.

Um das zu beweisen, überreichen die Jungen ihrem Freund, der ja nicht sehen kann, einen Stein und sagen ihm, er solle sich vorsichtig vorbeugen und den Stein in den Brunnen fallen lassen. Natürlich gibt es *keinen* Brunnen, aber die Jungen haben es drauf, ihren Freund vom Gegenteil zu überzeugen: Wenn er den Stein fallen läßt, fängt ihn ein anderer geräuschlos auf. Nach ein paar Sekunden läßt ein anderer Junge einen Stein in der gegenüberliegenden Ecke der Hütte fallen. Für den Jungen mit den verbundenen Augen hört sich das an, als wäre der Stein in einen tiefen Brunnen geplumpst. Dann wird ihm gesagt, er solle eine halbe Stunde lang allein in der Hütte warten. Wenn er seine Binde abmache oder in den Brunnen falle, dürfe er kein Mitglied werden. Dann verlassen die Jungen die Hütte und beobachten von draußen das Geschehen.

Der Nichtsehende, jetzt allein, ist plötzlich von furchteinflößender Stille umgeben. Die meisten Jungen bleiben bei dieser Prüfung einfach starr vor Angst sitzen, bis die Freunde zurückkommen. Bestimmt sind sie die ganze Zeit neugierig, was für interessante Dinge die Hütte noch birgt; sie müssen einfach die Versuchung verspüren, ein bißchen herumzustöbern oder umherzutasten, selbst mit verbundenen Augen – aber sie trauen sich nicht. Warum? Weil sie nicht wissen, wo das Loch ist.

Natürlich war das ein Spaß auf ihre Kosten. Es gab *keinen* Brunnen. Alles war nur ein Jungenstreich. Aber im wirklichen Leben gibt es viele Brunnenlöcher, und zwar tödliche. Es gibt Regeln, mit denen man davor gewarnt wird.

Manche Menschen hassen solche Gesetze. Sie umgehen sie lieber. Aber das Leben ist kein Jungenstreich – die Löcher sind vorhanden. Und wer sich nicht um die Gesetze schert, könnte reinfallen. Wenn der Pilot sich nicht um die Sicherheitsrichtlinien oder Flugregeln kümmert, nimmt er seinen Tod und wahrscheinlich auch noch den seiner Passagiere in Kauf. Der Chirurg richtet nur Verletzungen an und heilt nicht, wenn er die Regeln der Medizin außer acht läßt. Und wenn Männer und Frauen meinen, daß die moralischen Gesetze des Lebens für sie nicht gelten, müssen sie den Preis für ihre Irrtümer zahlen.

Die meisten von uns mögen aber keine Gesetze. Wir finden, daß sie unsere Freiheit einschränken. Wir wünschten, Gott hätte uns nicht so viele absolute moralische Gesetze gegeben: Kein Sex vor der Ehe, gehorche deinen Eltern, du sollst nicht lügen oder stehlen. Aber diese Gesetze verhelfen uns zu einem Ziel, das dem gesunden Menschenverstand voll und ganz entgegenkommt. Sie schützen uns davor, Fehler zu machen, die uns verletzen. Gott weiß das.

Die Richtlinien, die er uns gab, sind nicht dazu erdacht, uns einzugrenzen, sondern uns zu befreien. Eine Auflehnung gegen diese Richtlinien kommt uns teuer zu stehen. Wie ein Pilot, der seinen Instrumenten nicht mehr trauen will, oder ein Kapitän, der seinen Kompaß nicht verwendet, geraten wir in ungeheure Gefahr.

Willst du ein Leben als freier Mensch? Das schaffst du nicht, indem du das Buch mit den Regeln aus dem Fenster wirfst! Vielmehr solltest du dir klarmachen, daß das Leben voller gefährlicher Löcher ist und dieses Buch dir hilft, ihnen nicht zu nahe zu kommen.

Wenn jemand sich die Regeln vom Hals schafft, wirft er gleichzeitig seine Möglichkeiten weg. So mancher rennt umher wie ein Wilder und glaubt, endlich frei zu sein – bis er ins Loch stürzt und darin umkommt. Andere sind vor Angst wie gebannt, weil sie nicht wissen, wo die Gefahren lauern.

Als wirklich kreativen Musiker betrachten wir nicht den, der vom Fach Musik nichts versteht und ohne Form und Verstand drauflos spielt. Vielmehr ist der kreativ, der sein Fach so gründlich versteht und es meistert, daß er die Freiheit zum Improvisieren hat und die bekannte Form mit individueller Schönheit anreichert.

Der erfolgreiche Athlet ist kein Mensch, der mit Training und strenger körperlicher Diziplin nichts am Hut hat und die Grundlagen seines Sports außer acht läßt. Wenn uns ein Sportler mit seinen Fähigkeiten zum Staunen bringt, hat er sich in seiner Disziplin so vervollkommnet, daß er auf ungewöhnliche und anstrengende Situationen mit der gleichen Leichtigkeit reagiert, mit der ich mir die Schuhe zuschnüre. (Vielleicht ist er sogar besser; meine Schnürsenkel gehen immer auf.)

Wer sein Leben voll ausschöpft, ist wohl kaum jemand, der planlos umherrennt, moralische Werte in den Wind schlägt und Gott ins Angesicht spuckt. Vielmehr schöpft der sein Leben aus, der sich an den Gesetzen freut, die uns durch das Leben leiten. Deshalb kann er mit Spitzenleistungen innerhalb der Richtlinien unseres Schöpfers aufwarten. Und Gottes Maßstäbe schaffen die Freiheit dazu.

Verse des Tages:

Halleluja! Wohl dem, der den Herrn fürchtet, der große Freude hat an seinen Geboten.
Psalm 112, 1

Wenn dein Gesetz nicht mein Trost gewesen wäre, so wäre ich vergangen in meinem Elend.
Psalm 119, 92

Vorschlag:

Hast du einige von Gottes Gesetzen bisher lieber nicht beachtet? Wenn ja, und wenn du merkst, daß du dadurch in Gefahr gerätst, wird es Zeit, sich wieder an sie zu halten. Wenn du findest, daß du „deine Freiheit“ lieber nicht aufgeben möchtest (obwohl du letzten Endes mit den Gesetzen die Freiheit eher gewinnst), dann hör auf unseren Rat: Verabrede ein Gespräch mit einem christlichen Seelsorger, dem du alles das anvertrauen kannst. Weil das Risiko so groß ist, kann es wohl nicht schaden, sich seine Meinung zumindest anzuhören.

Hey!

Lies den ganzen Psalm 119, damit d siehst, wie Gottes Gesetze es schaffen, Freude in unser Leben zu bringen.

Kannst du was, bist du was?

Ich hätte im Bett bleiben sollen.

Es war an dem Tag, als die Koordination von Hand und Augen im Sportunterricht meiner Oberschule geprüft werden sollte. Jeder Schüler sollte dreimal einen Fußball fangen, wobei er jedesmal in eine andere Richtung zu laufen hatte. Und die Endnote im Halbjahr hing davon ab, wie gut unsere Leistungen waren.

Ich wußte, daß ich damit Probleme hatte. Hände und Augen waren bei mir ungefähr so „gut" aufeinander abgestimmt wie bei Mr. Bean. Wegen einer körperlichen Fehlbildung – die Knochen meiner Unterarme waren leicht gekrümmt – konnte ich den Fußball nicht mal im Stehen fangen, geschweige denn beim Laufen.

Die Brise feuchter, muffiger Luft damals über dem Sportplatz verspüre ich immer noch. Ich sehe vor mir, wie sie das hellbraune Haar des Jungen neben mir hochflattern ließ. Das war Daniel. Er war wie Herkules gebaut. Er hatte Muskeln an Stellen, wo ich nicht mal Stellen hatte. Jetzt trat er vor; er war an der Reihe. Ich schluckte, weil ich wußte, daß ich als nächster drankam. Daniel rannte nach links und fing den Ball, den der Sportlehrer geworfen hatte. Er fing auch den nächsten, nach rechts geworfenen Ball. Dann sprintete er das Spielfeld entlang, um den langen Paß zu kriegen. Er sah sich beim Laufen um. Der Ball kam auf ihn zugeflogen, er sprang im letztmöglichen Augenblick hoch und schnappte ihn aus der Luft. Die Wucht des Aufpralls ließ ihn stolpern, aber er kam schnell wieder ins Gleichgewicht und winkte triumphierend mit dem Ball in seiner hocherhobenen Hand.

Dann hörte ich meinen Namen und trat vor. Ich wußte, daß ich gar nichts fangen konnte. In diesem Augenblick hätte ich mir gewünscht, meine Fehlbildung wäre auffälliger, damit der Sportlehrer Mitleid mit mir bekäme. Wie es ausschaute, machte er aber so einen verbissenen Eindruck, als ob das Bestehen dieser Prüfung eine Sache auf Leben und Tod sei.

Der erste Ball traf eigentlich genau auf meine Hand, als ich nach links gestolpert war. Ich fand, das sei an sich schon ein Wunder. Leider spielten meine Hände nicht mit und fingen ihn nicht auf.

Als ich nach rechts lief, hätte ich ihn beinahe geschnappt. Ganz langsam hüpfte der Ball auf meine Fingerspitzen und ließ mich den Erfolg schmecken. Dann fiel er ungefähr gleichzeitig mit mir zu Boden.

Den langen Paß habe ich erst bemerkt, als er vor mir aufschlug. „Ab zur Dusche“, grummelte der Sportlehrer und sah mich dabei nicht mal an. „Aus dir wird nie was werden.“

Aus dir wird nie was.

Wenn er gewußt hätte, wie seine Worte auf mich wirkten, hätte er sie wohl nicht gesagt. Ich versuchte, das Gelächter meiner Mitschüler zu überhören, als ich die hundert Meilen zum Umkleideraum zurücklegte. Innerlich war ich dankbar für die Dusche, die meine Tränen unsichtbar machte. Wahrscheinlich hatte der Lehrer gemeint, aus mir würde nie ein guter Footballspieler, aber in meiner Vorstellung bezogen sich die Worte auf mein ganzes Leben. Ich fand seine Bemerkung nicht etwa grausam. Ich war mir sicher, daß sie stimmte. Wie konnte jemand mit seiner Autorität und seinen athletischen Fähigkeiten sich irren? Ich weinte nicht, weil ich den Ball nicht fangen konnte; ich weinte, weil mir anscheinend irgendeine wertvolle Eigenschaft fehlte, mit der Gott die meisten anderen Leute gnädig ausgestattet hatte. Bei mir hatte er sie wohl vergessen – oder sie mir absichtlich nicht mitgegeben. Ich maß meinen Wert mit einem falschen Maßstab, dem ich nicht gerecht werden konnte. Ich konnte nicht schnell laufen, ich wurde nervös beim Umgang mit Mädchen, ich war nicht kräftig gebaut und auch nicht besonders helle. Und was der Lehrer gesagt hatte, glaubte ich wirklich: Aus mir würde nie etwas werden.

Und an diesem Tag begann bei mir das fieberhafte Streben, mir selbst und allen anderen zu beweisen, daß ich zu etwas gut war, daß mein Leben irgendeinen ausgleichenden Wert besaß. Auch dich könnte dieses Streben beschäftigen; viele junge Leute haben sich darauf eingelassen. Leider ist die Grundlage dafür nicht haltbarer als Treibsand.

Warum sind Menschen darauf aus, ihren Wert zu beweisen? Weil sie versuchen, ihre eigene geheime Überzeugung zu widerlegen, daß sie tatsächlich wertlos seien. Im tiefsten Inneren hatte ich mich ja schon vor der Bemerkung meines Lehrers als wertlos empfunden. Es sollte noch jahrelang dauern, bevor ich zu verstehen anfing, was meinem Leben eigentlich seinen Wert verlieh, und in der Zwischenzeit kostete mich mein Streben viel verschwendete Zeit, persönliche Qual und verpaßte Chancen.

Menschen, die sich ihres Wertes bewußt sind und den Grund dafür kennen, brauchen niemandem etwas zu beweisen. Stattdessen demonstrieren sie Tag für Tag mit ihrem Leben ganz unabsichtlich, was sie als Wahrheit längst erkannt haben: daß Gott sie liebt und ihnen eine wichtige Rolle im Leben zugedacht hat, eine Rolle, für die er sie erst entworfen und dann geschaffen hat. Der Gott, der uns schuf, produziert keinen Abfall!

Dann gab derselbe Gott aus freien Stücken seinen eigenen Sohn hin, damit wir für unsere Sünden Vergebung haben können. Indem er uns erstens geschaffen hat und zweitens seinen eigenen Sohn zu unserer Rettung gab, hat Gott jeden einzelnen von uns, dich und mich, mit einem unglaublichen Wert ausgestattet. Wenn wir versuchen, unseren Wert auf irgendeine andere Art zu beweisen, entwürdigen wir damit alles, was Gott für uns getan hat.

Hat ein Mensch das begriffen, kann er seiner ganzen Umgebung zeigen, daß er wichtig, fähig und geliebt ist.

Ich habe diese Wahrheit über mich selbst erst Jahre später entdeckt. Hätte ich doch nur damals schon Bescheid gewußt, als ich unter der Dusche stand und weinte.

Du brauchst nicht so lange zu warten. Du weißt es ja jetzt schon.

Vers des Tages:

„Denn ich weiß, was für Gedanken ich über euch habe", spricht der Herr, „Gedanken des Friedens und nicht des Leides, euch eine Zukunft und eine Hoffnung zu geben."
Jeremia 29, 11

Vorschlag:

Nimm dir heute etwas Zeit, in Ruhe zu beten und nachzudenken. Bitte Gott, dir Bereiche in deinem Leben zu zeigen, in denen du dich wertlos fühlst; bitte ihn, dir zu zeigen, wo du deiner Umwelt zu beweisen versuchst, daß du einen Wert hast. Vielleicht hast du tatsächlich hier und da schwer versagt, aber mit deinem Wert hat das nichts zu tun! Du bist wertvoll, weil Gott dich so sehr liebt, weil er schon so viel für dich getan hat und weil er gute Pläne für dein Leben hat – nicht deshalb, weil du irgend etwas erreicht hast. Eine wichtige Erkenntnis, denn sie befreit dich von dem Zwang, auffällige Erfolge erlangen zu müssen, um deinen Wert zu beweisen. Wenn du das Gefühl hast, aller Welt deinen Wert beweisen zu müssen, lebst du vom Beifall deiner Umwelt. Hast du aber die Bestätigung Gottes erst einmal angenommen, dann bist du zum echten Leben befreit. Diese Gabe kannst du heute annehmen!

Hey!

Hier noch mehr Verse über Gottes Liebe zu uns: 1. Johannesbrief 3, 1–3.

Von Bienchen und Blüten

Was es mit dem Sex auf sich hat, habe ich von meinem Cousin gelernt.

Wir gingen die Straße entlang und warfen mit Steinen nach den Vögeln auf der Telefonleitung, bis wir zu einer Viehweide kamen. Direkt neben der Straße paarte sich der Bulle mit einer Kuh. Wir wälzten uns am Boden und lachten, bis uns beinahe der Bauch platzte.

Warum haben wir so gelacht? Was war daran so witzig? Ich gebe zu, daß ein Bulle, der eine Kuh bespringt, weder einen besonders hübschen Anblick bietet noch als komischer Höhepunkt gelten kann. Im Rückblick glaube ich, daß ich deshalb so lachte, weil ich verwirrt und ahnungslos war. Ich war auf dem Bauernhof aufgewachsen und hatte solche Szenen schon oft gesehen, ohne zu lachen. Ich hatte sogar bei der Geburt einiger Kälber mitgeholfen, was tief in meinem Innersten eine Neugier über meine eigene Sexualität geweckt hatte. Aber ob du es glaubst oder nicht, bis zu diesem Tag mit meinem Cousin hatte ich noch nicht zwei und zwei zusammengezählt. (Lach nicht! Bestimmt bin ich nicht der einzige, der beim Thema Sex Tomaten auf den Augen hat. Tatsächlich habe ich vor ein paar Jahren einmal von einer Krankenschwester gelesen, die erst merkte, daß sie schwanger war, als das Baby kam. Schöne Bescherung!) An diesem Tag fiel es mir leichter, zu lachen als meine Ahnungslosigkeit preiszugeben und damit zu riskieren, ausgelacht zu werden.

Nachdem der Bulle seine Vorstellung beendet hatte und wir unsere ungewaschenen Kommentare losgeworden waren, sprach mein Cousin mich an: „Das hat dein Vater mit deiner Mutter auch gemacht, damit du auf die Welt kommst."

Ich verpaßte ihm eine Ohrfeige. Er fiel um, und ich setzte mich auf ihn drauf und schlug mit beiden Fäusten auf ihn ein. „Sag nie wieder sowas Ekliges über meine Mama und meinen Papa!" schrie ich.

Er lachte mich aus. Je mehr er sich darauf versteifte, die Wahrheit zu sagen, desto wütender wurde ich. Mein ganzes Leben lang hatte ich Sex für etwas Rohes und Schmutziges gehalten. Meine Eltern waren nicht roh und schmutzig, und natürlich auch keine Rindviecher. Wie konnte er nur sagen, sie würden *so etwas* tun?

Es dauerte allerdings nicht lange, bis ich entdeckte, daß mein Cousin tatsächlich recht hatte. Aber diese ersten Eindrücke vom Sex – daß es etwas Ekliges wäre, worüber man sich lustig machte und lachte – verfolgten mich noch für lange Zeit.

Ich war mir auch als Jugendlicher noch lange ganz sicher, daß jemand anders als Gott sich die Sache mit dem Sex ausgedacht hatte. Ich meinte, Gott hätte uns mit dem ganzen normalen Bedarf versorgt, und während seiner Kaffeepause hätte sich dann Satan heimlich eingeschlichen und uns die Sexualorgane verpaßt samt den Gefühlen, die dazugehören. Was soll man sonst glauben, wenn man Sex für etwas Schmutziges hält? Ich muß zugeben, daß wohlmeinende Christen diesen Eindruck verstärkten. Sie waren vielleicht beunruhigt, daß ihre Mitmenschen durch den Mißbrauch von Sex ihr Leben zerstörten. Also wollten sie mich mit der Auffassung, Sex sei etwas Schmutziges, davor bewahren und bewirken, daß ich mich davon fernhielt. Aber auch das ist ein Mißbrauch und kann genausoviel zerstören.

In Wahrheit hat Gott selbst sich die Sache mit dem Sex ausgedacht, und zwar machte er etwas Schönes daraus, damit die Geschöpfe, die er so sehr liebt, sich daran freuen können. Es gibt kaum einen größeren Ausdruck von Liebe, den zwei Menschen einander mitteilen können. Allerdings hat der Mensch Gottes Schöpfung verdorben. Statt anzuerkennen, daß Gott die Sexualität geschaffen hat, und statt sich dabei an seine Richtlinien zu halten, haben wir einen Götzen daraus gemacht und lassen zu, daß sich unser ganzes Leben darum dreht.

Manche Kulturen stellen überall Abbilder ihrer Götzen auf. Auch wir tun das – alles garnieren wir mit Sex. Auf fast allen Plakatwänden, in fast allen Fernsehsendungen und Filmen ist Sex mit dabei. In den meisten Schulen ist es Thema Nummer Eins. Ist es bei diesem Treiben überhaupt möglich, eine ausgewogene Einstellung dazu zu finden, unsere eigene Sexualität nicht zu leugnen und trotzdem nicht auf Kosten aller anderen Lebensbereiche ständig darauf herumzureiten?

Ja, das geht – wenn man zweierlei beachtet:

Erstens sollte man auf dem Teppich bleiben, was die Bedeutung von Sex angeht. So wichtig das Thema ist, stellt es trotzdem nicht *alles* in den Schatten. Es ist nicht wichtiger als der Gott, der beides, dich und deine Sexualität, geschaffen hat. Es ist nicht wichtiger, als für und mit Gott zu leben!

Und zweitens denk daran, daß er der Erfinder ist. Wenn er die Sache mit dem Sex erfunden hat, dann kannst du darauf wetten, daß er einen Plan hat, wie man damit umgeht. Gottes Plan für den Sex ist in der Bibel zu finden, was, wie ich meine, die Bibel unter anderem zu einer sexuellen Gebrauchsanweisung macht.

Wenn man Gottes Plan sorgfältig und ohne Krampf befolgt, erlebt man Sex als eine der größten Freuden im Leben. Wenn man ihn nicht beachtet, erlebt man wahrscheinlich den größten Kummer.

Man sieht, Gott hat uns keine Sexregeln gegeben, um uns den Spaß zu verderben. Warum auch? Er will, daß wir uns damit Freude machen. Er hat uns die Regeln gegeben, weil er sich am besten mit dem Thema auskennt, und er weiß, daß wir bei Mißbrauch einen fürchterlich hohen Preis zahlen.

Er hat uns die Regeln gegeben, weil er uns liebt und nur unser Bestes will.

Halt dich an seine Regeln.

Vers des Tages:

Und Gott schuf den Menschen zu seinem Bilde... und schuf sie als Mann und Weib... und Gott sah an alles, was er gemacht hatte, und siehe, es war sehr gut.
1. Mose 1, 27.31

Vorschlag:

Es wird Zeit, daß du die Regeln Gottes über Sex kennenlernst. Aber das ist der Schwerpunkt dieses Buches. Trotzdem gibt es manche Möglichkeiten, sich schlau zu machen: Frage erstens einen Erwachsenen, mit dem du dich gut verstehst und dem du vertrauen kannst, worin Gottes Maßstäbe bestehen. Manche davon kennst du bestimmt schon, aber vielleicht erfährst du auch etwas, das du noch nicht weißt.
Lies zweitens ein Buch zum Thema.
Hier ein paar Vorschläge:
Tim Stafford: *Wieso, wir lieben uns doch*,
Verlag Schulte & Gerth
W. Fuch (Hrsg.): *Warum bis zur Ehe warten?*
Brockhaus Verlag
E. Mühlan: *Zwischen 12 und 17*,
Verlag Schulte & Gerth

Hey!

Gott hat uns nicht besonders viele Regeln zum Thema Sex gegeben, aber die sind ganz schön wichtig. Lies 1. Korinther 6, 9–20.

Eine Welt ohne Licht

(Dave)

Wahrscheinlich hätte ich nicht runtersteigen dürfen, dachte Gary, drehte sich auf den Rükken und schob sich auf den Schulterblättern durch einen feuchten, schlammigen Engpaß. Goldene Regel der Höhlenforscher: Steig niemals allein in die Höhle. Aber heute war sein letzter Tag in dieser Gegend, und er hatte keinen Partner auftreiben können. Es mußte jetzt sein, allein – oder nie.

Er war wohl schon eine halbe Meile in die Höhle vorgedrungen. Die einzige Lichtquelle war die Karbidlampe an seiner Stirn; so hatte er die Hände zum Klettern frei. Er strampelte sich aus dem Engpaß hervor in eine riesige natürliche Halle, die so groß war, daß sein Licht weder die entgegengesetzte Wand noch die Decke erreichte. Schokoladebraune Stalaktiten hingen aus dem Dunkel nach unten; an der Wand neben ihm glitzerten Kristalle. „Wow“, machte er.

Auf halbem Wege durch die Halle blieb er wie angewurzelt stehen – ein tiefer Abgrund, vier Meter breit, gähnte zu seinen Füßen. Er stieß einen losen Stein in die Finsternis. Stille. Er trat noch einen los und wartete eine halbe Minute. Stille. „Schätze, ich lasse den Rest der Tour ausfallen“, sagte er und horchte auf das Echo seiner eigenen Stimme. Er saß am Rand der Höhle. Seine Karbidlampe wurde trüb. Zeit für eine neue Patrone. Aus seinem Rucksack holte er die kleine Patronenschachtel, öffnete sie und stellte sie auf den Stein neben sich. Dann legte er die Lampe ab, warf einen letzten Blick umher und schaltete sie aus. Jetzt war alles nur noch schwarze Finsternis. Tastend öffnete er die Lampe und warf die alte Patrone weg. Die Augen nützten ihm gar nichts mehr, weil jeder Lichtstrahl fehlte. Dann langte er nach der Schachtel – und stieß sie mit seinen tastenden Fingern um. Die Patronen polterten hinunter in den Abgrund. In panischer Angst griff er nach der Schachtel – auch sie sauste in die Tiefe. Eine oder zwei der letzten Patronen rollten den abschüssigen Boden hinunter und verschwanden im Nichts. Danach war das einzige Geräusch in Garys Ohren lange Zeit nur der schnelle Schlag seines Herzens. Nichts als Schwärze.

Selbst in der eisigen Stille der dunklen Höhle im Innern der Erde spürte er, wie ihm der kalte Schweiß auf der Stirn ausbrach. Er kämpfte gegen die aufsteigende Panik an. Kein Licht, kein Partner, kein Ausweg. Er blieb regungslos eine oder zwei Minuten sitzen und konzentrierte sich darauf, nicht die Beherrschung zu verlieren. Dann streckte er ganz langsam den Arm aus und ließ seine Finger mit schneckengleicher Langsamkeit über den glatten Stein gleiten. Die ganze Aufmerksamkeit lag jetzt in seinen Fingerspitzen. Da, etwas Loses. Er hielt inne und fühlte sorgsam nach. Ein Kieselstein. Weiter tastete er, langsam – bis seine Finger endlich auf einen kleinen, glatten Zylinder stießen: die letzte Karbidpatrone war nicht in den Abgrund gerollt. Mit zittrigen Händen, unendlich langsam, setzte er sie in die Lampe ein, ließ sie zuschnappen und schaltete sie an – und die Höhle war mit dem herrlichsten Phänomen erfüllt, daß er sich vorstellen konnte: *Licht!*

Er hielt seine Hände hoch und betrachtete sie. Wie wunderbar Licht und Schatten auf den Falten der Hautoberfläche spielten! Er konnte sehen. Es gab ja Licht. Kurz zuvor hatte er schon fast mit dem Leben abgeschlossen. Jetzt durfte er leben. Es war hell.

Diese Geschichte ist wahr. Sie ist vor Jahren einem Bekannten von mir passiert. Und jedesmal, wenn Gary diese Geschichte erzählt, merkt man seiner Stimme etwas von der Panik an, in die er damals in der schwarzen Hoffnungslosigkeit geraten war. Vielleicht denkst du inzwischen: *Ich weiß, warum er diese Geschichte erzählt – weil Jesus das Licht der Welt ist.* Ja, das stimmt. So steht es in Johannes 8, 12. Aber auch dies sagte er (in Matthäus 5, 14) zu seinen Nachfolgern: „Ihr seid das Licht der Welt. Laßt euer Licht unter den Menschen leuchten.“ Jesus möchte, daß wir ein Licht im Dunkeln sind. Der heutige Vers fordert uns auf, ein „untadeliges und reines“ Leben zu führen, damit wir wie „Lichter in der Welt“ scheinen. Glaub mir, in der heutigen Gesellschaft *muß* alles Untadelige und Reine einfach auffallen! Und weil wir auffallen – denn selbst in unserer Unvollkommenheit repräsentieren wir das Licht und die Wahrheit Gottes –, können wir die Welt um uns her erleuchten. Wir scheinen genauso hell wie die kleine Patrone in Garys Lampe, die in der riesigen Höhle Licht schaffte und ihm neue Hoffnung gab.

Wie das Licht in einer dunklen Höhle, wie ein Stern am Mitternachtshimmel sollen wir uns merklich und unmißverständlich von unserer Umgebung unterscheiden. Manchmal ist das nicht einfach; manchmal ist es auch peinlich. Wenn wir aber nicht zulassen, daß Gottes Licht durch uns hindurchstrahlt, könnten wir jemanden im Dunkeln sitzen lassen, der das Licht unbedingt zum Überleben braucht.

Laß dein Licht leuchten!

Vers des Tages:

Tut alles ohne Murren und ohne Zweifel, damit ihr ohne Tadel und lauter seid, Gottes Kinder, ohne Makel mitten unter einem verdorbenen und verkehrten Geschlecht, unter dem ihr scheint als Lichter in der Welt.

Philipper 2, 14.15

Hey!

Lies auch die berühmte Stelle aus der Bergpredigt, wo Jesus uns dazu beruft, Licht und Salz zu sein: Matth. 5, 13–16.

Vorschlag:

Wenn wir uns die Aufforderungen in diesen Bibelstellen wirklich zu Herzen nehmen, müssen wir uns ein paar schwerwiegende Fragen stellen: Worin unterscheiden wir uns von den Menschen unserer Umwelt? Unterscheiden wir uns überhaupt so weit, daß man es feststellen kann? In welcher Hinsicht bringen wir Licht in eine dunkle Welt? Durch unsere Worte? Unsere Taten? Unsere Einstellung? Kennen wir jemanden, der mit der gleichen Verzweiflung nach dem Licht sucht, das wir zu bringen haben, wie Gary nach seiner letzten Patrone?

Nimm dir für heute ein Ziel vor. Denke über eine Möglichkeit nach, wie du als Christ leuchten kannst – mutig und hell.

Sei heute ein Licht.

Haarscharf daneben

Ich bin in einem sehr strengen Elternhaus aufgewachsen. Bei uns wurde ein Christentum gepflegt, in dem es hauptsächlich viele Gesetze gab.

Als ich etwas älter wurde, kannte ich zwar den Unterschied zwischen Gut und Böse, aber gerade wegen der extrem strengen Erziehung versuchte ich, so nahe wie möglich an die Grenze zwischen beiden zu kommen. „Seht doch, welche Freiheiten ich habe!" verkündete ich damit der Welt. „Seht doch, was für ein cooler Christ ich bin. Hier ist das Böse, direkt neben mir, und ich lehne mich praktisch dran – aber trotzdem bin ich auf der richtigen Seite!"

Was dann passierte, läßt sich leider leicht voraussagen. Der Teufel grabschte mit seinen Fangarmen nach mir und zog mich in den Sumpf der Sünde. Außerdem vernebelte er mir den Verstand, so daß es mir schwerfiel, die Grenze zwischen Gut und Böse zu ziehen; ein paar von meinen Entscheidungen damals waren eindeutig verkehrt. Das hätte mich umbringen können.

Nur aus reiner Gnade wurde ich davor bewahrt, während dieser Zeit mein Leben zu ruinieren. Aber damals habe ich etwas gelernt, so daß ich jetzt eine ganz andere Einstellung dazu habe, wie ein Christ leben sollte. Die Maßstäbe und Richtlinien der Bibel sind mehr als nur gute Ratschläge für Christen, die zu schwach sind, sich zu beherrschen. Es sind Gottes Anweisungen für alle, die ihm nachfolgen, ganz egal, ob schwach oder stark.

Auch sehe ich die Grenze zwischen Gut und Böse jetzt in einem anderen Licht. Wenn die eine Seite der Bereich Satans ist, das Gebiet, in den er mich zu verführen versucht, und die andere Seite der Bereich Gottes, meine eigentliche Heimat, dann will ich lieber zehn Riesenschritte in den Bereich Gottes tun – besonders da, wo ich meine Schwächen kenne.

„Man könnte aber doch direkt bis zur Grenze gehen, ohne zu sündigen", sagst du vielleicht.

Ja, kann man. Aber ich kann auch auf Gott zugehen und in Sicherheit sein. Vielleicht klingt das Wort „sicher" nicht allzu reizvoll oder aufregend. Aber wenn es darauf ankommt, zwischen Gut und Böse zu entscheiden, zwischen Gott und Satan, dann ist mir die Sicherheit lieber.

Bleib in Sicherheit. Halte dich dieser Grenze fern.

Vers des Tages:

Höre, mein Sohn, und nimm an meine Rede, so werden deine Jahre viel werden.
Ich will dich den Weg der Weisheit führen, ich will dich auf rechter Bahn leiten, daß, wenn du gehst, dein Gang dir nicht sauer werde, und wenn du läufst, du nicht strauchelst. Bleibe in der Unterweisung, laß nicht davon ab; bewahre sie, denn sie ist dein Leben. Komm nicht auf den Pfad der Gottlosen und tritt nicht auf den Weg der Bösen.
Sprüche 4, 10–14

Vorschlag:

Nimm heute einmal eine gründliche Überprüfung deines Lebens vor. Gibt es Bereiche, wo du zu dicht an die Grenze gerätst? Manchmal sind solche Bereiche leicht zu erkennen, manchmal nicht.
Bemühe dich heute, eine stille Stunde für dich freizuhalten, um zu beten und über dein Leben nachzudenken. Hast du Freunde, einen Seelsorger oder Jugendpastor, Menschen, die dich gut genug kennen, daß sie dir sagen können, wo du kurz vor der Grenzüberschreitung stehst? Wenn ja, dann bitte sie, dir bei dieser Einschätzung zu helfen. Viel Glück!

Hey!

Hier ein guter Rat aus dem Jakobusbrief. Lies aus Kapitel 4 den Vers 7.

Allein unter Frauen

(Dave)

Ich schlich mich durch die Hintertür in die erste Klasse, nickte der Lehrerin lächelnd zu und tippte meinem Sohn auf die Schulter. Er sprang dankbar auf und folgte mir nach draußen. Wir gingen essen.

Für mich war der Morgen nicht mehr so jung. Mein drittes Kind, eine Tochter, war gerade vor einer Stunde zur Welt gekommen. Jetzt war es Zeit, meinem Sohn mitzuteilen, daß es seiner Mutter und der neuen Schwester gut ging, und ihm die Sicherheit zu geben, daß ihm niemand seine Stellung in der Familie streitig machte. Über eins aber machte ich mir Gedanken: Er hatte eigentlich einen Bruder gewollt.

Beim Pizzaessen also erzählte ich das alles und versprühte so viel gute Laune wie möglich. Und er nahm es gefaßt auf – *zu gefaßt*, wie ich fand. Er konzentrierte sich darauf, alle Pilze von seiner Pizza zu entfernen. Ich fragte mich, ob er wohl insgeheim verstimmt war.

„Na, jetzt hast du ja also Schwestern", sagte ich aufmunternd. „Ich schätze, du bist in der Minderheit – zwei gegen einen."

Er nahm einen Schluck Cola und dachte nach. Dann schüttelte er den Kopf und sagte ruhig: „Nein, Papa – jetzt sind *wir* in der Minderheit, drei gegen zwei."

Wir in der Minderheit? Klar! Wer ist schon gern ganz allein in der Minderheit? Problem beseitigt!

Ich kicherte vor mich hin. Erst ein paar Tage später, als das neue Baby zu Hause war, ging mir die wahre Bedeutung seiner Bemerkung auf. Wieviele andere in meiner Umgebung, selbst in der eigenen Familie und im engsten Freundeskreis, sind ganz auf sich selbst gestellt in der Minderheit? Wieviele haben schwelende Probleme, die sie mit niemandem besprechen können? Sünden, die sie bekennen müßten, um sich das Gewissen zu erleichtern? Sorgen? „Feinde", denen man Widerstand leisten müßte?

Mein Sohn hatte es leicht mit seiner winzigen Beschwernis, von den Schwestern in die Minderheit gedrängt zu werden. Er konnte sich auf seine Stellung in der Familie verlassen; seine Angehörigen liebten ihn, und er brauchte bloß die Hand auszustrecken und die Hilfe seines Vaters zu beanspruchen, der ihm zur Seite stehen würde. Sicher, er war immer noch in der Minderheit – aber nicht allein.

Fühlst du dich manchmal auch in der Minderheit? Vielleicht sind deine Mitschüler in der Mehrheit, weil sie anscheinend beliebter sind als du oder mehr Geld haben. Vielleicht findest du, sie sähen besser aus, seien klüger oder sportlicher. Vielleicht fühlst du dich in der Minderheit, weil du ein Christ bist und nicht viele andere Christen kennst. Oder das, was du im Fernsehen und im Kino siehst und das meiste, was du in der Schule zu hören oder zu lesen bekommst, ist nicht nur auf einer anderen Wellenlänge als dein christlicher Glaube, sondern deiner Einstellung direkt entgegengesetzt. Es gibt viele Möglichkeiten, in die Minderheit zu geraten.

Gott sei Dank haben wir einen himmlischen Vater, der mächtiger ist als alle, die uns mehrheitlich gegenüberstehen, zusammen. Gott sei Dank auch dafür, daß wir christliche Brüder und Schwestern haben, die uns zur Seite stehen und mit uns eine Familie bilden. Wir brauchen nur die Hand auszustrecken, Halt bei ihnen zu suchen und sie um Hilfe zu bitten.

Du fühlst dich in der Minderheit? Das ist schon o.k. Wir sind gemeinsam in der Minderheit.

Vers des Tages:

So ist's ja besser zu zweien als allein; denn sie haben guten Lohn für ihre Mühe. Fällt einer von ihnen, so hilft ihm sein Gesell auf. Weh dem, der allein ist, wenn er fällt! Dann ist kein anderer da, der ihm aufhilft. Auch, wenn zwei beieinander liegen, wärmen sie sich; wie kann ein einzelner warm werden? Einer mag überwältigt werden, aber zwei können widerstehen, und eine dreifache Schnur reißt nicht leicht entzwei.

Prediger 4, 9–12

Vorschlag:

Wenn du bisher versucht hast, dich allein durchzukämpfen, jetzt aber gern die Familie nutzen würdest, die dir als Christ zur Verfügung steht, kann ich dir ein paar Vorschläge machen:

1. Erkenne, daß Gott, der Vater, zu deiner Mannschaft gehört. Bitte um seine Kraft und Führung in der Situation, in der du stehst.
2. Suche dir wenigstens einen christlichen Freund, der dir zur Seite steht, dich ermutigt und dir ein Anreiz ist, dich weiterzuentwickeln.
3. Sei ein Freund für andere, die deinen Beistand gebrauchen könnten. Arbeite daran: Ruf sie an, sprich mit ihnen, schreib eine Nachricht oder einen Brief – tu etwas, das ihnen zeigt, daß sie nicht ganz allein in der Minderheit sind, daß zumindest einer ihnen Beistand leistet.

Hey!

Jesus wußte, was es heißt, einsam zu sein, Angst zu haben und Beistand zu brauchen. Lies in Markus 14, 32–41 nach.

Ein Killer-Zeugnis

Ich kann nicht so ein tolles Zeugnis geben wie manche Leute in der Gemeinde. Früher hätte ich mir das gewünscht. Ich habe davon geträumt, daß ich vorgestellt würde, nach vorn käme und von meinem finsteren Vorleben erzähle: „Ich habe achtundzwanzig Menschen mit einem nassen Handtuch erschlagen. Ich war außerdem drogensüchtig. Hab' mir Nutella in die Venen gejagd. Das zweifarbige! Oh, Mann, das war harter Stoff!

Und dann war ich jeden Abend mit einer anderen Frau unterwegs und kam jedesmal völlig betrunken nach Hause. Aber als ich dann vier Jahre alt war, wurde ich Christ."

Auch vom „Heldenzeugnis" träumte ich: „Da stand ich also an unserer Strafraumgrenze, das ganze Feld lag vor mir. Gerade hatte der Schiedsrichter die letzte Minute angepfiffen, und es stand 0:2. Schnell kniete ich mich nieder und bat Jesus um seinen Beistand. Den Rest kennt ihr. Wir machten in dieser Minute zwei Tore und das Siegtor in der Verlängerungsminute. Wir waren Weltmeister! Natürlich bin ich dann sofort nach Disneyland gereist, wo ich binnen eines Tages die meisten der Comicfiguren zum lebendigen Glauben an Christus führte."

Versteh mich nicht falsch – ich finde es wunderbar, daß Gott bei manchen Leuten das Leben so dramatisch verändern kann, aber solche „spannenden" Zeugnisse sind nicht der einzige Beweis für seine Macht. Es ist doch einfach so: Wir alle sind durch unsere Sünden von Gott getrennt, Massenmörder genauso wie normale Menschen. Bevor du weiterliest, hol dir eine Bibel und lies Römer 3, 23. Laß die Bibel am besten offen. Du brauchst sie gleich noch einmal.

Hast du es gelesen? Siehst du! Nicht nur der Mörder oder Kinderschänder ist auf Gottes Vergebung angewiesen. Wir alle sind es. Wir alle haben die natürliche Neigung, uns gegen Gott aufzulehnen.

Jetzt blättere weiter zu Kapitel 6, Vers 23 im Römerbrief, damit du siehst, wie ernst Gott jede Sünde nimmt. Sie wiegt nicht nur so schwer, daß sie ein Todesurteil rechtfertigt, sondern Gott nimmt sie so ernst, daß er seinen Sohn gesandt hat, der zur Verbüßung des Urteils sterben mußte. Er ist nicht nur für Mörder gestorben; er starb auch für Leute, die nur kleine Lügen erzählen. Das macht aus jedem Zeugnis eine dramatische Geschichte, ob man nun wegen Terrorismus lebenslänglich einsitzt oder gerade mal seinem Bruder gegen das Schienbein getreten hat. So oder so ist Gottes Vergebung die Erlösung vom sicheren Tod. Der Sohn Gottes mußte sterben, um diese Sünden aufzuwiegen. Er starb, wurde begraben und ist auferstanden, damit du leben kannst.

Du darfst nie glauben, daß dein Zeugnis nicht dramatisch genug ist. Es ist so ehrfurchtgebietend, daß man es der ganzen Welt zurufen kann!

Vers des Tages:

Denn also hat Gott die Welt geliebt, daß er seinen eingeborenen Sohn gab, damit alle, die an ihn glauben, nicht verloren werden, sondern das ewige Leben haben.
Johannes 3, 16

Vorschlag:

Angesichts solcher Gnade und Barmherzigkeit kann man nur eines tun – Danke sagen. Der schönste Dank von allen wäre es, ihm dein Leben zurückzugeben. Wie kannst du ihm heute mit deinem Leben Dankbarkeit zeigen?

Hey!

Wie sollten wir auf Gottes großes Opfer für uns reagieren? Lies im 1. Johannesbrief 4, 9–12.

Kommt drauf an

(Dave)

Es war so eine verrückte Sache, in die man hineingerät, ohne es richtig zu wollen. So etwas kann nur auf der Oberschule passieren.

Ich hatte mich auf ein „Blind date“, eine Verabredung mit einer Unbekannten eingelassen. Allerdings rief ich das Mädchen ein paar Tage vorher an, damit ich ungefähr wüßte, was ich zu erwarten hatte.

Was für ein Gespräch! Es dauerte nicht lange, bis wir uns denken konnten, daß wir nicht gerade auf einer Linie lagen. Ihr Slang war so abgehoben, daß ich die Ausdrücke weder je gehört noch eine Ahnung hatte, was sie damit meinte. Sie lachte laut und oft; ich war ein ruhiger Typ. Sie wollte über die Songs aus den aktuellen Charts reden; ich mochte unbekannte, alternative Bands, von denen sie noch nie was gehört hatte. Sie erwähnte, daß sie noch nie in einer Kirche war; ich ging jede Woche hin. Ich war froh, daß sie redete wie ein Wasserfall, weil ich auf diese Weise nicht viel zur Unterhaltung beitragen mußte.

Ein paar Meter entfernt saß ein Freund von mir und blätterte in einem Comic, während ich in den Hörer murmelte. Er lachte ab und zu, wenn ich mich unbeholfen ausgedrückt hatte, und nervte mich mit „nützlichen“ Kommentaren: „Lern erst mal sprechen, Alter.“

Nach ein paar Minuten Smalltalk fragte mich meine zukünftige Bekannte aus heiterem Himmel: „Fluchst du eigentlich?“

Bis dahin hatte ich versucht, ihr den falschen Eindruck zu vermitteln, daß ich genau der hippe Typ wäre, mit dem sie gern ausgehen würde. Aber jetzt war das Spiel zu Ende. Tatsache war, daß ich Flüche nicht gerade für das beste Mittel hielt, der Welt die Liebe Jesu vorzuleben. Also ließ ich es bleiben. Ich hatte nicht vor zu lügen, auch wenn ich wußte, welche Antwort sie von mir erwartete. „Nö – mach' ich nicht“, sagte ich.

„Soll das 'n Witz sein?“

„Nee.“

Ein paar Sekunden war sie still. Dann: „Laß mich mal mit deinem Freund reden.“

„Mit wem?“

„Mit dem Typ, der die ganze Zeit lacht. Gib ihn mir mal.“

Also reichte ich ihm das Telefon. Er bedachte mich mit einem Blick („Aufgepaßt“), klemmte sich den Hörer an die Schulter und machte einen auf Mr. Cool. (Inzwischen überlegte ich mir die dreizehnte Methode, die Verabredung sausen zu lassen. War gar nicht so schwer – sie hatte sich dasselbe vorgenommen.) Nach ein paar anfänglichen Bemerkungen stellte sie meinem Freund die gleiche Frage. „Ach, kommt ganz darauf an“, antwortete er.

„Kommt worauf an?“ fragte sie.

„Mit wem ich zusammen bin.“

Wie recht du hast, dachte ich. Was für ein Heuchler. Er war auch Christ, und es stimmte, daß er in der Kirche niemals fluchte – allerdings oft genug, wenn er mit seinen Freunden in der Schule zugange war. Obwohl er zu meinen besten Freunden gehörte, war mir bis jetzt nicht aufgegangen, was für ein Doppelleben er führte.

Aber durfte ich mir überhaupt darüber ein Urteil erlauben? Fluchen war für mich zwar kein Thema, dafür hundert andere Sachen, inklusive mein plötzliches frommes Überlegenheitsgefühl. Was das Problem Doppelleben anging – da war ich Weltmeister. Im Grunde war meine größte Sorge, daß man irgendwann meine Gedanken als Sprechblase über dem Kopf lesen und damit merken könnte, was für ein Heuchler ich war.

Übrigens nicht der einzige. Wir alle haben solche unguten Lebensbereiche. Da fällt es uns schwer, stabile Verhaltensweisen aufzubauen und uns daran zu halten. Klar, wir kommen mit diesen hohen Maßstäben zurecht, wenn wir unter Leuten mit den gleichen Maßstäben sind – vielleicht bei unseren Freunden in der Kirche oder unseren Eltern. Was passiert aber, wenn wir mit Menschen zu tun haben, die sich darüber lustig machen oder ohne solche Maßstäbe scheinbar mehr Spaß haben? Es kommt also ganz drauf an, mit wem wir zusammen sind. Sollte nicht so sein. Ist aber so.

Niemand steht gern, wenn alle anderen sitzen. Niemand hat gern einen Anzug an, wenn alle anderen Jeans und T-Shirt tragen. Niemand spricht gern Polnisch, wenn alle anderen Deutsch reden. Niemand benimmt sich gern himmlisch brav, wenn alle anderen höllisch cool drauf sind.

Also spielen wir Chamäleon. Diese kleine Echse kann die Farbe wechseln, um in ihrer Umgebung nicht aufzufallen. Wir übernehmen Erscheinungsbild und Verhalten der Menschen, mit denen wir umgehen. Es ist relativ einfach, als Christ zu leben, wenn man nur mit anderen Christen zusammen ist. Zum Härtetest kommt es, wenn man sich dorthin begibt, wo es schwer ist, sich christlich zu benehmen. Wenn man den Wahlspruch „Kommt drauf an, mit wem ich zusammen bin" aufgibt und sich statt dessen zum Entschluß durchringt: „Ich will für Gott leben, egal wo ich bin und mit wem ich zusammen bin", dann erst kann man die Welt verändern.

Sei kein Chamäleon-Christ. *Fall auf!*

Vers des Tages:

Selig ist der Mann, der die Anfechtung erduldet; denn nachdem er bewährt ist, wird er die Krone des Lebens empfangen, die Gott verheißen hat denen, die ihn liebhaben.

Jakobus 1, 12

Hey!

Kommt es dir einfac[h] zu schwierig vor, gegen den Strom zu schwimmen? Lies 1. Petrus 5, 8.9.

Vorschlag:

Fühl dich nicht schuldig für vergangene Situationen, wo du ein Doppelleben geführt hast. Sag es Gott, nimm seine Vergebung an und geh weiter.

Die eigentliche Frage lautet: Wie willst du dich in Zukunft davor bewahren, ein Doppelleben zu führen? Schreibe dir mindestens drei Möglichkeiten auf, wie du die Kraft finden kannst, auch dann „Straight" zu leben, wenn es schwierig wird, wenn du der einzige unter vielen bist, wenn du eigentlich keine Lust dazu hast.

Besser als Sex

Ich bin genauso lebendig und normal wie jeder andere. Ich habe die gleichen Hormone und Triebe wie jeder andere Mann.

Aber wenn ich mich entscheiden müßte, entweder nie wieder Geschlechtsverkehr zu haben oder nie wieder die warme, vertraute Liebe zu verspüren, die sich im „normalen" Umgang mit meiner Frau in Umarmungen, Blicken und stillem Händchenhalten äußert, dann würde ich sofort und ohne Bedenken den Geschlechtsverkehr aufgeben.

„Würdest du nicht", höre ich meine Leser sagen.

Oh doch, das würde ich.

Jetzt meint ihr wahrscheinlich: „Du hast 'nen Knall!"

Nein, hab' ich nicht.

„Naja, du bist ja auch schon alt!" sagt ihr.

Im Vergleich zu euch bin ich vielleicht schon scheintot, aber mein Sexualtrieb ist höchst lebendig! Ich behaupte ja auch nicht, daß Geschlechtsverkehr keinen Spaß macht oder unwichtig ist. Ich will nur sagen, daß er weder der wichtigste Bereich der Ehe ist noch daß er annähernd dazu ausreicht, eine Ehe zusammenzuhalten. Geschlechtsverkehr ist nur *ein* Teil der Sexualität. Die wichtigsten Bereiche der Liebe gehen weit über das Schlafzimmer hinaus. Leider scheint unsere Gesellschaft das nicht zu merken. Unsere Umwelt beschränkt ihre Definition von Sex auf den reinen Geschlechtsakt. Das reicht nicht! Deine ganze schöne Sexualität hat schon lange angefangen, bevor du etwas vom anderen Geschlecht gewußt hast, und sie reicht weit über den Geschlechtsakt hinaus.

Als du noch ein Kind warst und die warme, beruhigende Hand deiner Mutter und die Sicherheit und Festigkeit der väterlichen Umarmung zum ersten Mal verspürt hast, gehörten diese Gefühle schon zu deiner sexuellen Erlebniswelt. Sie waren die ersten Bausteine, die dir später die Fähigkeit verliehen, auf körperliche Art zu lieben und geliebt zu werden. Diese Gefühle hatten nichts Aufreizendes an sich – trotzdem waren es sexuelle Gefühle. Später hast du Vater und Mutter einen Schrecken eingejagt, als du zum ersten Mal bewußt deine eigenen Sexualorgane entdeckt hast. Und auch das war verbunden mit sexuellen Gefühlen – auch wenn du nicht gewußt hast, wozu deine Entdeckungen gut waren. Du hast deine Eltern schockiert, weil sie alle sexuellen Gefühle als erotisch abgestempelt haben; sie merkten nicht, daß du einfach ganz unschuldig neugierig warst. Dann schlug die Pubertät zu. Dein Körper fing an, sich zu entwickeln; die Hormone schalteten sich ein, und deine sexuelle Neugier ließ die Nadel eindeutig in die rote Zone ausschlagen. Und manches an deiner Neugier (gut, seien wir ehrlich) – deine *ganze* Neugier hat mit dem Geschlechtsakt selbst zu tun und mit den Körperteilen, die daran beteiligt sind. Das ist normal, aber auch wieder irreführend, weil Sex (wie jedes Ehepaar mit gesundem Sexualleben bestätigen kann,) *alle* Bereiche der Beziehung berührt.

Es klappt im Schlafzimmer meist besser, wenn Mann und Frau eine gute Freundschaft haben, einander respektieren und alle anderen Bereiche der Liebe lebendig erhalten: einander necken, miteinander lachen, Kärtchen schreiben, anrufen, Blumen schenken, gemeinsam abwaschen, Träume und Ängste einander erzählen und so weiter.

Was hat das mit mir zu tun? fragst du vielleicht. *Ich bin doch gar nicht verheiratet.* Aber du hast eine gute Ausgangsposition, stabile Freundschaften aufzubauen und gesunden und positiven Respekt für die Vertreter des anderen Geschlechts zu erwerben (was nicht ganz einfach ist, wenn es dir in erster Linie auf sexuelle Erfahrungen ankommt). Du kannst lernen, alle Bereiche der Liebe zu verstehen. Das sind die besten Voraussetzungen, später eine glückliche Ehe zu führen.

Deine sexuelle Neugier ist völlig natürlich. Aber verwechsle das Thema Nummer Eins nicht mit der ganzen Geschichte. Beobachte glücklich verheiratete Leute in deiner Bekanntschaft, die zärtlich miteinander umgehen. Wie verhalten sie sich in der Öffentlichkeit zueinander? Beobachte ihren Umgang miteinander, den Humor und die Fröhlichkeit, auch die Höflichkeit (sie achten aufeinander und helfen sich auch bei kleinen Dingen), zärtliche Blicke und Berührungen. Mit so einem Verhalten kannst du bei eigenen

Beziehungen zu Freunden und Freundinnen des anderen Geschlechts schon jetzt anfangen. Damit tust du mehr für die Vorbereitung auf eine spätere Beziehung, als du dir vorstellen kannst!

Vers des Tages:

Die Ehe soll in Ehren gehalten werden bei allen und das Ehebett unbefleckt; denn die Unzüchtigen und die Ehebrecher wird Gott richten.
Hebräer 13, 4

Hey!

Lies 1. Mose 2, 4–25. Hier zeigt sich wirklich, wie wichtig die eheliche Beziehung ist.

Vorschlag:

Achte heute einmal darauf, wie du mit den Vertretern des anderen Geschlechts in deiner Umgebung umgehst. Versuche dir vorzustellen, wie sie dich und dein Benehmen einschätzen. Siehst du dich als jemand, der ständig Sex im Sinn hat? Siehst du dich als jemand, der respekt- und rücksichtsvoll ist und mit dem der Umgang Freude macht?
Wenn du einen guten Freund oder eine Freundin des anderen Geschlechts hast, vertrauenswürdig und sympathisch, könntest du es sogar riskieren, einmal nachzufragen, wie dein Verhalten beim anderen ankommt.
Denk über das nach, was du erfahren hast. Mußt du vielleicht ein paar Angewohnheiten ändern? Oder dein Benehmen?

Das Lustprinzip

(Dave)

Die Schlange lachte. Ihre schwarzen Schuppen glitzerten in der Sonne. „Sterben? Weißt du, warum er gesagt hat, daß ihr sterben würdet? Weil er weiß, daß ihr so werdet wie er und Gut und Böse unterscheiden könnt, wenn ihr die Frucht eßt."

Sie wand sich um den Ast, streckte den langen Hals der Traube goldener Früchte entgegen, die duftend in der kristallklaren Luft hingen, und leckte einen Tautropfen davon ab. „Iß die Frucht", flüsterte sie. „Ihr werdet nicht sterben."

Eva zögerte noch. Sollte sie nicht erst mit Adam beraten? Aber im selben Augenblick, als sie gehen wollte, blitzten die Augen der Schlange auf. Eva blieb stehen. Was für eine Tiefe! Welche Farben! „Berühre die Frucht und schau sie an", sagte die Schlange leichthin.

Eva hob langsam die Hand und berührte eine goldene Frucht. Nie hatte sie so etwas Seidenweiches, Glattes und Einladendes verspürt. Genauso weich und warm wie ihre eigene Haut.

Und plötzlich lag die Frucht in ihrer Hand. Hatte sie sie gepflückt? Sie erinnerte sich nicht. Sie hielt die Nase daran. Ah! Noch herrlicher als die Rosen, die sie im Haar trug.

Sie blickte der Schlange noch einmal in die Augen, las das wortlose Drängen darin und öffnete den Mund. Die Schale gab unter ihren Zähnen nach, platzte auf, und ein unbeschreiblich wohlschmeckender Saft floß ihr auf die Zunge und hinunter ans Kinn. Und damit war die Tat geschehen.

Hast du dich schon einmal gefragt, wie Eva bloß so dumm sein konnte, wirklich die Frucht zu essen und Gott ungehorsam zu sein? Es kommt uns so vor, als sei es ganz einfach und leicht gewesen, gehorsam zu sein. Schließlich konnten sie und Adam doch alles tun, außer dieser einen, einzigen Sache – die Frucht eines Baumes essen.

Vielleicht steht die Antwort in 1. Mose 3, 6: „Und die Frau sah, daß von dem Baum gut zu essen wäre und daß er eine Lust für die

Augen wäre und verlockend, weil er klug machte. Und sie nahm von der Frucht und aß." Nach diesem Vers gab es drei Gründe, warum Eva die Frucht aß. Sie glaubte, davon klug zu werden, wie die Schlange gesagt hatte. Sie aß aber auch davon, weil die Frucht so verlockend und schön war. Anders gesagt, es verschaffte ihr Lust, die Frucht anzufassen und zu essen; also tat sie es – ohne Rücksicht auf Gottes Gebot. Und so machte Eva eine schmerzliche Erfahrung. Sie entdeckte als erste das Gesetz der menschlichen Natur, das wir Lustprinzip nennen: *Wenn wir vor einer Entscheidung stehen, neigen wir dazu, das auszuwählen, was das größte Vergnügen verspricht.*

Die meisten von uns gehen durch den Tag nicht anders als durch einen Bäckerladen. Der Kuchen liegt vorn, das Vollkornbrot hinten. Wenn wir die Wahl haben, entscheiden wir uns für den Kuchen. Warum eigentlich nicht? Ist es Sünde, etwas Leckeres zu genießen? Hat Gott uns nicht unsere fünf Sinne gegeben, und hat er nicht alles geschaffen, was wir damit genießen? Schließlich hat er nie gesagt, daß es verkehrt sei, uns für den Genuß zu entscheiden, oder?

Ja und nein. Die Bibel lehrt uns deutlich genug, daß manche Sünden lustbetont sind. Manche Leute finden es zum Beispiel schön, betrunken zu sein. Auch wahllose sexuelle Erfahrungen müssen wohl Spaß machen, sonst wäre das nicht so ein Problem bei vielen Menschen. Ißt du gern? Ich auch. Aber man kann auch mit dem Essen übertreiben, und wenn man das tut, ist es eine Sünde. Allerdings sollte uns das nicht überraschen. Natürlich hat Sünde etwas mit Lust zu tun. Wenn das nicht so wäre, wo läge dann die Versuchung?

Heißt das etwa, daß wir uns jedes Vergnügen abschminken müssen, wenn wir Gott gehorchen wollen? Weit gefehlt. Eigentlich ist es ja Gott, nicht der Teufel, der „alles reichlich darbietet, es zu genießen" (1. Timotheus 6, 17). Gott ist ein liebevoller Vater, und wie jeder andere gute Vater will er, daß seine Kinder aufrichtig, rechtschaffen – und glücklich sind. Es gehört zu diesem Glück, daß wir mit den von ihm gegebenen Sinnen die vielen Dinge genießen, die er geschaffen hat. Und wie jeder gute Vater will Gott auch nicht, daß seine Kinder das Vergnügen mehr lieben als ihn.

Im 2. Timotheusbrief 3, 2–4 sagt er sogar, daß sich die Menschen in den letzten Tagen von ihm abwenden werden, weil sie „die Lüste mehr liebhaben als Gott".

Diese Entscheidung liegt in deiner Hand. Du hast die Wahl zwischen Gott und dem Lustprinzip. Das eine oder das andere. Du kannst nicht beides dein Leben beherrschen lassen. Wenn du Gott gehorchen willst, kannst du nicht nur das tun, wozu du gerade Lust hast. Dieses Kriterium gilt dann nicht mehr.

Verse des Tages:

Denn es ist erschienen die heilsame Gnade Gottes allen Menschen und nimmt uns in Zucht, daß wir absagen dem ungöttlichen Wesen und den weltlichen Begierden und besonnen, gerecht und fromm in dieser Welt leben.
Titus 2, 11.12

Da sprach Jesus zu seinen Jüngern: „Will mir jemand nachfolgen, der verleugne sich selbst und nehme sein Kreuz auf sich und folge mir."
Matthäus 16, 24

Vorschlag:

Du hast gesehen, was zum Lustprinzip gehört. In der eben erwähnten Bibelstelle steht es. Jetzt schau dir die Verse von heute an, vergleiche sie mit den anderen Versen im heutigen Text und denke über ein neues Lebensprinzip nach. Darin sollte enthalten sein, wie wir als Christen angemessen auf die vielen Entscheidungen reagieren können, mit denen wir Tag für Tag zu tun haben. Nennen wir es einfach Jesus-Prinzip.

Hey!

2. Timotheus 3, 2–4 öffnet uns dafür die Augen, in welcher Gesellschaft die Jünger des Lustprinzips zu finden sind.

Achte aber darauf, daß dieses Prinzip nicht jeden Gedanken an Lust oder Glück für dich ausschließt. Gott möchte, daß wir uns mit allen Sinnen erfreuen. Die meisten Dinge, die Gott von dir will, verschaffen dir Freude, Hoffnung, Befriedigung – darauf hast du doch bestimmt Lust, oder? Gott will nur nicht, daß dieses „Lust haben" unser Leben beherrscht und den Gehorsam gegen ihn außer acht läßt.

Voll = gut?

Als ich auf der Oberschule war, kam ein Freund von mir auf die glorreiche Idee, einen Sechserpack Bier ganz allein auszutrinken.

Das tat er auch – aber er konnte es nicht lange bei sich behalten. Erst übergab er sich, bis sein Magen leer war. Dann weinte er und rief nach seiner Mama. Schließlich wollte er sich noch mal übergeben, aber es kam nichts mehr raus. Er würgte so sehr, daß ich schon dachte, jeden Moment würde er seine Turnschuhe ausspucken.

Zwei Tage später saß er im Umkleideraum, umgeben von einer Schar Bewunderer. Er gab an. „Mann, hab' ich mich am Samstagabend vollaufen lassen! Ich hab' mindestens einen Sechserpack abgekippt, vielleicht sogar mehr. Ich kann mich nicht mehr erinnern, was an dem Abend passiert ist, aber es war toll! Was für eine Orgie! Ich war echt abgefüllt."

Sich übergeben ist toll? Eine Orgie? Damals war ich nicht gerade ein Weltmeister an Erfahrungen, aber soviel wußte ich: Das war Blödsinn. Wenn es so einen Spaß macht, zu kotzen und zu würgen, wozu dann das Geld für Bier verschwenden? Da braucht man sich bloß auf's Örtchen zu schleichen und sich den Finger in den Hals zu stecken. Oder mit einem Strohhalm ein rohes Ei ausschlürfen oder sowas.

Das ist viele Jahre her, aber irgendwie glauben zu viele Leute – vor allem Teenager – immer noch, daß es lustig wäre, sich zu besaufen. Letztes Jahr wurde eine Umfrage unter Schülern gemacht. Die Jugendlichen wurden erst gefragt, mit welchen Worten ihrer Meinung nach ihre Eltern eine tolle Party beschreiben würden. Sie antworteten mit folgenden Begriffen: *Cocktails, Tanzen, Gespräche, Essen.* Dann wurde gefragt, mit welchen Worten sie selbst so eine Party verbinden. Die Antwort fiel ein bißchen anders aus: *sich vollaufen lassen, Alkohol, Drogen, ausgeflippt, abgefüllt, Sex.* Erinnert mich an meinen Freund, als er die Turnschuhe rauswürgen wollte.

Du brauchst niemandem diese Lüge abzukaufen, bloß weil er

im Umkleideraum damit angibt. In letzter Zeit habe ich viel Umgang mit Jugendlichen, die Alkoholiker oder Drogensüchtige waren, inzwischen aber einen Entzug hinter sich haben und clean sind. Fast alle fühlen sich (auch wenn sie manchmal gern wieder high wären) so, als hätten sie ihr Leben zurückbekommen, das ihnen Drogen und Alkohol gestohlen hatten. Sie geben sich viel Mühe, nicht wieder abzurutschen. Sie haben alles probiert und wissen, daß es besser ist, nüchtern zu bleiben. Außerdem macht es mehr Spaß.

„Sich abzufüllen" ist pure Verschwendung. Bleib sauber!

Vers des Tages:

Sei nicht unter den Säufern und Schlemmern;
denn die Säufer und Schlemmer verarmen,
und ein Schläfer muß zerrissene Kleider tragen.
Sprüche 23, 20.21

Hey!

Wie benehmen wir uns also, wenn es mega-out ist, sich vollaufen zu lassen? Lies Römer 13, 12–14.

Vorschlag:

Stell dir selbst einmal ein paar Fragen zum Thema „abgefüllt sein". Was für Begriffe fallen dir ein, wenn du an Freizeitspaß denkst? Mache eine Liste von zehn Worten. Sei ehrlich.
Wenn deine Liste hauptsächlich aus letzten Endes kaputten Worten wie *voll sein, betrunken, abgespaced und ausgeklinkt* besteht, dann wäre es Zeit für dich, deine Einstellung zu überprüfen, weil es sich so anhört, als ob du einer Lüge auf den Leim gegangen bist. Du könntest auf dem Weg zu einem kaputten Leben sein. Wenn du erst einmal drin bist, kommst du nicht mehr so leicht raus. Sprich mit einem erwachsenen Freund, dem du vertrauen kannst.

Ein Märchen wird wahr

Es war einmal ein berühmter und weiser König, dessen Reich schon so lange Krieg mit einem Nachbarland führte, wie man sich erinnern konnte.

„Oh großer König, du mögest ewig leben“, sagte eines Tages sein General, der in den goldgeschmückten Thronsaal gehumpelt kam und niederkniete.

„Wie steht es um die Schlacht?“ fragte der König besorgt.

„Wir sind an allen Fronten zurückgeschlagen worden“, erwiderte der General traurig, „und Tag für Tag strömt neue Verstärkung zu den Reihen des Feindes. Meine Soldaten sind niedergeschlagen; viele sind verletzt. Man fängt an zu murren. Manche ...“ Er zögerte. „Manche sind sogar desertiert und zum Feind übergelaufen. Es steht böse um die Schlacht.“

Der König verharrte nachdenklich und stützte das Kinn auf die Hände. Schließlich sprach er: „Dann soll mein Sohn mit in die Schlacht ziehen.“

Der General schaute überrascht auf. In den Augen glimmte neue Hoffnung. „Ja! Vielleicht in weißem Gewand, auf einem weißen Schlachtroß!“

Doch der König schüttelte den Kopf. „Dafür ist die Zeit noch nicht reif. Noch brauchen die Soldaten keinen Prinz in weißem Gewand. Jetzt brauchen sie jemanden, der sie lehrt, normale Soldaten zu sein, treu und demütig.“

„Das will ich, mein Vater, wenn es dein Wille ist“, sagte der Prinz und setzte die Krone ab, als er den Thronsaal betrat.

Und so geschah es. Er trug die Uniform eines Soldaten, er ging mit den Soldaten durch den Morast, er aß armselige Mahlzeiten und schlief auf hartem Boden mit groben Decken. Obwohl sich das Gerücht verbreitete, daß der neue Soldat eigentlich der Prinz des Reiches war, glaubten nur wenige Soldaten daran.

Allen aber fiel auf, daß er nicht murrte oder sich über das Soldatenleben und die Kriegsgefahren beschwerte. Er lächelte gern, lachte sogar, ließ sich gern ins Gespräch ziehen und bot allen seine Freundschaft an. Langsam änderte sich die Einstellung der Soldaten. Wer zuvor entmutigt war und desertieren wollte, schöpfte neue Hoffnung und blieb. Wer krank und verwundet war, wurde schnell gesund und kehrte an seinen Posten zurück. In der Schlacht kämpften die königlichen Soldaten mit neuer Entschlossenheit; ihre Waffen glänzten in der Sonne. Ihnen war gezeigt worden, was es hieß, ein Soldat zu sein.

In der Armee des Feindes, die sich an leichte Siege gewöhnt hatte, wurde es still. Man tauschte besorgte Blicke. Bald kam es zur letzten Schlacht. Und als sie zu Ende war, konnten die tapferen Soldaten des Königs, erschöpft, aber siegreich, ihre Schwerter zum frohen Triumphgesang erheben – bis jemand auf einen Leichnam wies, der blutig und zerschlagen auf dem Schlachtfeld lag. Es war der neue Soldat, der den Weg zum Sieg bereitet hatte: der Prinz.

Doch mit dem Schall von Trompeten kam der König in goldenem Wagen herbei. Er sprang ab und nahm seinen Sohn in die Arme. Dann trug er ihn zum Bach in der Nähe, wusch seine Wunden und kleidete seinen Leib in ein weißes Gewand. Jetzt hauchte er auf sein Gesicht – einmal, zweimal. Und beim dritten Mal schlug der Prinz die Augen auf und erhob sich.

Da jubelten die Soldaten. Sie sammelten Steine, bauten einen großen Hügel, holten den Thron des Prinzen vom Palast und stellten ihn hoch oben auf den Hügel. Der Prinz wurde hinaufgesetzt, und alle jubelten ihm zu.

Kommt dir diese Geschichte bekannt vor? Das muß wohl so sein, denn sie wird in der Bibel immer wieder erzählt. Zum Beispiel im Philipperbrief 2, 5–11: Jesus erniedrigte sich aus freien Stücken und erduldete einen qualvollen und demütigenden Tod. Dann wurde er auferweckt und hoch erhoben. Er bekam einen „Namen über alle Namen, und im Namen Jesu sollte sich jedes Knie beugen".

Seinen Nachfolgern, dir und mir, sollte das ungeheuren Mut machen. Man übersieht uns manchmal oder macht sich über uns lustig, weil wir Christen sind. Wir haben das Gefühl, daß alle anderen, die nicht vom Christentum gezähmt sind, den ganzen Spaß für sich gebucht haben. Aber denk dran: Jedes Knie wird sich vor ihm beugen. Jede Zunge wird bekennen, daß Jesus Christus Herr ist. Unser Mann gewinnt!

Viel zu oft erlauben wir uns das Gefühl, Verlierer zu sein. Aber dienen wir nicht dem mächtigsten Gewinner aller Zeiten? Und sein Sieg, an dem er uns teilhaben läßt, wird vollständig und endgültig sein, sogar weitreichender als Satellitenfernsehen! (Denk dran: *jede* Zunge und *jedes* Knie!)

Deine Freunde lassen dich vielleicht im Stich, deine Familie macht es dir ungeheuer schwer, du erlebst auf anderen Gebieten eine Enttäuschung nach der anderen? Laßt uns bei alledem nie das Ziel aus den Augen verlieren: Jesus, der uns durch sein Beispiel gezeigt hat, wie das Leben aussehen soll.

Vers des Tages:

Darum hat ihn auch Gott erhöht und hat ihm den Namen gegeben, der über alle Namen ist, daß in dem Namen Jesu sich beugen sollen aller derer Knie, die im Himmel und auf Erden und unter der Erde sind; und alle Zungen bekennen sollen, daß Jesus Christus der Herr ist, zur Ehre Gottes, des Vaters.

Philipper 2, 9–11

Vorschlag:

Wenn du den heutigen Tag in Angriff nimmst, denk an das „Märchen“, mit dem der Text von heute anfing. Du brauchst dich nicht von Menschen einschüchtern zu lassen, die deinen Glauben offensichtlich nicht teilen, die so leben, als gäbe es keinen Gott und so reden und handeln, wie es ihm nicht gefallen kann. Du brauchst dich nicht in der Minderheit zu fühlen, wenn du von einer ungläubigen Welt umringt bist. Gott hat diese Leute noch nicht aufgegeben; viele davon werden noch zu ihm kommen. Und am Ende wird Gott auf der Welt herrschen, die er geschaffen hat. Du bist auf der Seite des Siegers!

Hey!

Wer möchte gern wissen, warum das Wort Gottes für David, den Psalmendichter, so wichtig war? Lest Psalm 119, 89–93.

Ken Davis

Wie lebe ich mit meinen Eltern ...
ohne durchzudrehen?

Gehen auch dir die Eltern manchmal auf den Keks? Nerven sie dich ständig, weil sie dich nicht verstehen – und überhaupt ...? Trotzdem wäre es schön, wenn man sich irgendwie zusammenraufen würde, oder? Aber was muß denn geschehen, damit sich etwas ändert?

Taschenbuch, 217 Seiten
Bestell-Nr. 815 183

DER ERSTE BAND EINER LIEBES-GESCHICHTE

Sylvia Renz

AUF DEM WEG NACH NIRGENDWO?

Die Geschichte einer Liebe

Chris und Viola sind Klassenkameraden - und bis über beide Ohren ineinander verliebt. Was macht es da schon aus, daß sie über "Nebensächlichkeiten" wie Freunde, Freizeitgestaltung und Sex verschiedener Meinung sind? Schließlich haben sie doch auch viele Gemeinsamkeiten! Doch die Freundschaft gestaltet sich schwieriger, als Chris und Viola gedacht hätten. Chris stammt aus einer intakten, harmonischen Familie - Viola ist Scheidungswaise. Chris glaubt an Gott - für Viola ist das alles "Quatsch". Es kommt zu Mißverständnissen und Auseinandersetzungen, die durch Verliebtsein allein nicht zu überbrücken sind. Viola gerät in Panik und läuft von zu Hause weg. Wird Chris sie jemals wiederfinden?

Taschenbuch, 160 Seiten, Bestell-Nr. 815 277